W0277774

Lydia Stilz

Im Dörfle

Lydia Stilz

Im Dörfle

GESCHICHTEN VON FRÜHER

Silberburg-Verlag

Lydia Stilz, geboren 1928 in Schnait, studierte Anfang der Fünfzigerjahre am Pädagogischen Institut in Esslingen und lehrte dann an Grund- und Hauptschulen. Von England über Indien, Thailand und Indonesien bis nach Australien, vom Nordkap bis zur Antarktis lernte sie die Welt kennen. Heute lebt sie wieder in ihrem Geburtsort – dem Erfahrungsmittelpunkt ihrer Bücher.

1. Auflage 2015

© 2015 by Silberburg-Verlag GmbH,
Schönbuchstraße 48,
D-72074 Tübingen.
Alle Rechte vorbehalten.
Umschlaggestaltung: Christoph Wöhler, Tübingen,
unter Verwendung einer Fotografie von Marta Lenz.

Druck: Gulde Druck, Tübingen.
Printed in Germany.

ISBN 978-3-8425-1423-2

Besuchen Sie uns im Internet
und entdecken Sie die Vielfalt
unseres Verlagsprogramms:
www.silberburg.de

Ihre Meinung ist wichtig ...

... für unsere Verlagsarbeit. Wir freuen
uns auf Kritik und Anregungen unter:

www.silberburg.de/Meinung

Inhalt

Vorwort

Wenn ich ein neues Buch zur Hand nehme, möchte ich als Erstes wissen, wovon es handelt, welche Personen darin vorkommen. Ich frage mich, wer das Buch verfasst hat. Oft wähle ich das Buch auch deshalb aus, weil mir der Autor, die Autorin schon bekannt ist. Dann lasse ich mich hineinnehmen in die Gemeinschaft der Handelnden und Leidenden, gehe mit ihnen durch Ort, Zeit und Veränderungen.

Schnait war früher ein kleines Dorf, das zwar Häuser hatte, auch mehrere Schlösser, die ordentlich an den Wegen aufgereiht standen, aber keine Straßennamen. Es gab »em Dôrf«, »em Gässle«, »em Schloss«, »em Hagebüechle«, »en dr Heetza«, »en dr Buehalda«, »em Haag«, »en dr Schtoig«. Die Hausnummern waren schön über den Flecken verteilt. Die neu erbauten Häuser bekamen die nächst höheren Nummern. Das Haus, in dem ich jetzt wohne, wurde im Jahr 1890 vom damaligen Schultes erbaut. Es trug die Nummer 294. Das bedeutet, dass der Flecken 1890 noch nicht mal 300 Häuser hatte. Der Briefträger, auch »Poschtler« genannt, brachte alle Postsendungen ins richtige Haus. Er kannte alle Leute persönlich, denn er war hier aufgewachsen.

Heute ist das kleine Dorf größer und kommt nicht mehr ohne exakte Adressen aus: mit Straßennamen und fortlaufenden Hausnummern. Die Postzusteller kommen mit dem Auto vorgefahren. Sie haben selten direkten Kontakt mit den Adressaten.

Die Böden sind hart, schwer zu bearbeiten, steinig, und ähnlich ist der Menschenschlag, der darauf sein täglich Brot verdient. Diese Böden aber lassen an den sonnigen Halden die tief wurzelnden Reben gedeihen und an den schattigen Nordhängen Obstbäume und Gras wachsen. Der Wein wird gehegt und gepflegt – und es wird vernichtet, was zu viel gewachsen ist: Die Trauben, die am wenigsten reif sind, werden einige Wochen vor der Lese abgeschnitten und verfaulen am Boden. So haben die am Stock bleibenden den ganzen Saft, den ganzen Sonnenschein zur vollen Reife. Das Gras braucht heute niemand mehr, denn in den Ställen des Dorfes steht keine Kuh mehr. Die köstlichen Kirschen, deren frühe Blüten den Hang so hell und duftig schmücken, dienen den Vögeln zum Fraß. Sie enthalten »Würmer«, die Maden der Kirschfliege, und werden von den empfindlichen Menschen verschmäht. So fallen sie überreif und faulig vom Baum und düngen das Gras, das niemand braucht.

In diesem Dorf Schnait lebt schon lange eine weitverzweigte Familie, die weitgehend von der Landwirtschaft lebte. In diese Familie wurde ich 1928 als ältestes Kind vor drei Brüdern und drei Schwestern hineingeboren. Die Eltern Wilhelm und Marie Stilz wohnten damals am Brunnenplatz in einer kleinen Wohnung. Sie arbeiteten gemeinsam in der Landwirtschaft, in die auch wir Kinder schon bald eingeführt wurden. Aber nur zwei der Kinder, ein Bruder und eine Schwester, blieben der Landwirtschaft treu. Die anderen erlernten verschiedene Berufe: Ein Bruder und ich wurden Lehrer, eine Schwester Erzieherin. Eine andere Schwester arbeitete in der Diakonie Stetten, wo sie ihren Mann kennenlernte. Der jüngste Bruder ist Professor in Tübingen, also auch ein Lehrer im weitesten Sinn.

Als Lehrerin war ich in der Rothenburger Landhege, in Welzheim und zuletzt in Leutenbach im Rems-Murr-Kreis angestellt. 1999 bin ich wieder nach Schnait in mein Elternhaus gezogen. Vieles war mir vertraut, aber mehr noch war mir neu und fremd. Um wieder heimisch zu werden, musste ich mich intensiv auseinandersetzen mit dem Gewesenen und dem, was jetzt war, mit den alten Wurzeln und den neuen Trieben. Dabei halfen mir im Hier und Jetzt die Verwandten, besonders die Geschwister. Aus der Vergangenheit traten die Geschichten der Ahnen neu ins Gedächtnis und drängten dazu, festgehalten und den Nachkommen zugänglich gemacht zu werden. Darum hab ich dieses Buch geschrieben und gebe es an alle weiter, die sich für Land und Leute interessieren.

Warum lieben wir alte Geschichten? Sie lassen uns hineinschauen in eine fest gefügte Gemeinschaft und in eine Zeit, die ganz anders erscheint als die unsere. Doch haben auch damals die Menschen geliebt und gelitten, gefeiert und getrauert, triumphiert und sind unterlegen. Ihre Probleme waren den unseren sehr ähnlich.

Noch ein Wort des Dankes an alle, die mitgeholfen haben, dass das Buch in dieser Form entstanden ist. Herr Dr. Breyvogel vom Stadtarchiv Weinstadt hat mir immer mit historischem Material zur Seite gestanden, wenn ich darum gebeten habe. Eine weitere Informationsquelle war das Heimatbuch »Schnait im Remstal«, das zum Jubiläumsjahr 1988 erschienen ist. Auch die Autoren des Heimatbuches, die in der Zwischenzeit größtenteils schon verstorben sind, haben mir viel geholfen. Manche Schnaiter sind mit ihren alten Fotos, Postkarten und Zeitungsbildern im Buch vertreten. Ihnen allen sei herzlich Dank gesagt.

Das Pôtter der Ahnfrauen

Meine Mutter, Luise Marie Stilz, vererbte mir ein vierreihiges Granatpôtter. Wenn ich das Wort verwende, schaue ich oft in fragende Gesichter: Was sind Granaten? Was ist ein »Pôtter«? Und wieso vierreihig?

Granate sind in diesem Zusammenhang keine explosiven Geschosse, sondern Schmucksteine. Sie können die verschiedensten Färbungen zeigen. Unsere Granate sind tief dunkelrot, fast schwarz. Die kleinen »Pôtterle« sind unregelmäßig geschliffen und durchlöchert. Sie sind aufgefädelt und brechen das Licht in mannigfaltigen Reflektionen. Vier verschieden lange Ketten sind mit einem silbernen Verschluss zusammengefasst. Vielleicht wäre »Collier« der richtige Begriff, aber das Pôtter ist nicht so kostbar und nicht so üppig. Viele Menschen haben mich gefragt, was denn ein »Pôtter« sei, selbst die Bedienung im Schmuckladen schaute mich zunächst fragend an, ehe ich ihr mein Schmuckstück gezeigt hatte. Der Name kommt wohl vom »Pater noster«, dem Rosenkranz. In der vorreformatorischen Zeit bekam ein Kind zur Erstkommunion seinen eigenen Rosenkranz, der es sein Leben hindurch begleitete. Später, nach der Reformation, betete man nicht mehr den Rosenkranz, man betete auch nicht mehr »Pater noster«, sondern »Vater unser«. Aber die Frauen trugen nach wie vor gerne Ketten, nicht mehr in den Händen, sondern um den Hals. Die Perlen des Rosenkranzes wurden zu »Pôtterle«, die Halskette zum »Pôtter«. Zur Hochzeit bekam die Braut ein mehrreihiges Pôtter. Je reicher der Geber, der Vater oder der Bräutigam, war, desto mehr Reihen hatte der Brautschmuck. Und so hatte auch meine Urahne ihr achtreihiges Pôtter bekommen. Sie vererbte es ihren beiden Töchtern, der Pauline und der Marie. Die Pauline bekam vier Reihen und die Marie ebenfalls. Das Pôtter der Pauline bekam ihre ältere Tochter Luise Marie Stilz, meine Mutter. Von ihr habe ich es bekommen. Das der Marie Gökeler kam auf ihre zweite Patentochter, die Rosine (Rösle) Stilz. Sie reichte das Pôtter weiter an ihre beiden Töchter Dora und Hanna.

Die folgenden Geschichten hängen gleichsam an vier Granatketten, dem »Pôtter der Ahnfrauen«. Ob die älteste Ahnfrau, die Barbara Häußele, auch eine Perle in meinem Pôtter war, ist zweifelhaft. Aber dass sie die älteste Ahnfrau ist, die nicht ganz vergessen wurde, soll die Erinnerung meiner Schlossahne an ihre Urahne zeigen.

Wie die Urahne dem Tod davonlaufen wollte

Erzählt von der Schlossahne,
von mir in ein altertümliches Hochdeutsch übersetzt

»Ich kann mir meine Urahne noch gut denken. Ich bin ja fünf Jahre gewesen, wie sie gestorben ist. Und der Gottlob, der ist ja drei Jahre jünger als ich, der ist zwei gewesen. Auf den hat sie in ihren letzten Jahren aufpassen müssen. Wenn sie dann mit ihm fortgegangen ist, dann hat sie ja nicht mehr so gut gesehen. Wenn dann ein Graben gekommen ist, dann hat der Gottlob immer gesagt: »Pass auf, Ahne, ein Gräbele.« Oder er hat sie am Rock auf die Seite gezogen, wenn ein Wagen gekommen ist. Drum ist ihr halt das Leben ein bissle verleidet gewesen, und sie hat immer wieder gesagt: »Wenn ich doch sterben täte.« Meiner Ahne, ihrer Tochter, hat das weh getan, dass ihre Mutter hat immer sterben wollen. Sie hat oft gedacht: »Was mache ich bloß falsch?« Bis auf einmal, da hat's die Urahne gar nimmer gesagt. Meine Ahne hat sich gewundert, aber geschwiegen. Bis später, nicht lang vor ihrem Tod, da hat sie sie einmal gefragt: »Mutter, du hast doch immer sterben wollen. Willst du das jetzt nicht mehr?«

»Ja, das ist ganz anders!«, hat die Urahne gesagt. »Da bin ich drunten gewesen im Kostobel. Man ist ja im Alter immer wieder da, wo man jung gewesen ist. Und da, wo jetzt die Familie Lenz wohnt, da ist so ein niederes Haus gewesen. Das ist mein elterliches Haus gewesen. Ich bin da am Brunnen gestanden und hab gewartet, bis mein Eimer voll mit Wasser gewesen ist. Da ist auf einmal der Tod den Kostobel runtergekommen, gerade so, wie man ihn auf den Bildern sieht, mit der Sense über der Achsel, ein Knochengerüst, mit einem Schlapphut und einem weiten Mantel. Der hat auf mich geguckt. Ich aber nichts wie auf und davon! Den Eimer habe ich stehen lassen. Und wie es so ist im Traum, man kann doch nicht springen, weil einem die Füße wie Blei sind. Drum ist er immer näher gekommen, und jetzt hat er mich gleich gehabt. Da habe ich ganz laut geschrien und hab auf das Nachbarhaus gezeigt: ›Dort wohnt die Koche (die Frau Koch) ein Weib, die ist noch zwei Jahre älter als ich!‹ Und dann bin ich aufgewacht.«

So hat die Urahne dann gesehen, dass sie ja noch gar nicht fertig ist zum Sterben, und sie hat sich von da an nicht mehr den Tod gewünscht. Sie ist dann noch eine Zeit lang bettlägerig gewesen, und die Ahne hat sie noch pflegen müssen. Aber dann ist sie friedlich eingeschlafen. Das war anno 1879.«

Soweit die Geschichte meiner Schlossahne, die älteste Geschichte von ihr, die überliefert ist. Von ihrer Ahne, der Elisabeth Barbara Lenz, die von 1818 bis 1890 gelebt hat, hat unsere Schlossahne mehr zu erzählen gewusst. Elisabeth Barbara Lenz war die Tochter des Zimmermanns Gottlieb Häußele. Sie soll zehn Kinder gehabt haben, von denen drei verstorben oder tot geboren sind. Sie muss auch Geschwister gehabt haben, aber unsere Schlossahne hat immer nur von einem Onkel, dem Michelvetter, erzählt.

Wie der Gottlob dem Michelvetter Golddollar gestohlen hat

Der junge Michel war nach Amerika ausgewandert und hatte lange auf einer großen Farm geschafft. Viel Kontakt zu der Heimat hatte er in der Zeit nicht. Alt und müde geworden, reiste er zurück in die alte Heimat. Er erwartete, alles so wiederzufinden, wie er es verlassen hatte. Da war nun seine Enttäuschung groß, als er seine Schwester, die Barbara, weder im Elternhaus im Kostobel noch in ihrer neuen Heimat am Brunnenplatz vorfand. Sie war in den Jahren, in denen er in Amerika war, gestorben. Ihre Tochter, die Elisabeth Barbara, lebte in dem Haus am Brunnenplatz mit ihrer Tochter und deren Familie. Die Kinder Pauline und Gottlob müssen etwa acht und fünf Jahre alt gewesen sein, als das neue Familienmitglied bei ihnen einzog. Man hatte ihm eine Stube eingerichtet gegen den Hof zu. Dort, unter dem Fenster, stellte er seine

Überseetruhe ab, räumte seine Kleider heraus und hängte seine Hosen und Jacken an Haken an der Wand. Die Hemden und Socken räumte er in die Schubladen der Kommode in der Ecke. Es gab noch ein Bett, einen Ofen, einen Tisch und ein paar Stühle, und damit war die Stube voll. Zum Essen ging er hinüber in die Eckstube und aß mit der Großfamilie. Er fühlte sich bald daheim unter der Fürsorge seiner Nichte. Nur mit dem Leben außerhalb des Hauses kam er lange nicht zurecht. Die Leute, die er auf der Straße traf, waren ihm fremd. Sprechen konnte man mit denen nicht so recht. Alle sprachen zwar das landläufige Schwäbisch, aber das des Michels war noch ein wenig antiquiert und zudem vom amerikanischen Englisch geprägt. Und das Leben auf dem Brunnenplatz, auf dem Hof, war so eng, umstellt von Häusern, umwachsen von Bäumen, dass man gar nicht hinausschauen konnte. Zu beiden Seiten des Schweizerbachtals erhoben sich die Berge des Schurwalds. Im Süden ging die Sonne im Winter schon bald nach drei Uhr unter. Im Sommer wanderte sie zwar weiter nach Westen, aber sie konnte wegen der Häuser nicht mehr in seine Kammer scheinen. Das war der Michelvetter nicht gewohnt.

Ja, und da draußen liefen überall die Hühner herum. Die Schlossahne berichtete, er habe nicht nur einmal die »damned chickens« verwünscht, die einem dauernd unter den Füßen herumliefen, aber ein Ei kriege man von denen nicht zu essen. In Amerika, da seien die Eier nestweise auf den Feldern herumgelegen. Im Sommer sei es so heiß gewesen, dass man die Eier auf einem Stein hätte braten können.

Die Familie hörte diese Geschichten zwar gerne an, aber nahm sie nicht für bare Münze. Es war wohl alles ein wenig übertrieben, ein wenig nostalgische Fantasie. Aber der Michelvetter bekam gut und reichlich zu essen bei seiner Nichte, er hatte seine warme, im Sommer sonnige Stube, Unterhaltung und Ruhe nach seinen Bedürfnissen und die Fürsorge der Nichte, seiner Großnichte und ihres Mannes. Im Grunde war er so ganz zufrieden.

In seiner Truhe hatte er einen Schatz, den gesamten Verdienst seiner Arbeit in Amerika in Golddollars. Der Christian, der Mann der Großnichte, hatte ihm angeboten, diese Münzen auf der Sparkasse einzuzahlen. Er bekomme dann ein Sparbuch und könne davon Geld abheben, wann immer er wolle. Aber der Michelvetter lehnte das Angebot entrüstet ab. Er wolle seinen Schatz unter den Augen haben, ihn ab und zu unter den Fingern spüren und sich daran freuen. So ließ ihm der Christian seine Freude.

An einem kalten Spätwintertag war im Hof unter dem Fenster des Michelvetters großer Betrieb. Dort wurde die Sau geschlachtet. Alle Erwachsenen sowie die Pauline waren beschäftigt mit Blut rühren, Borsten abschaben von der Haut der toten Sau, den Leib der Sau zerlegen, Därme auswaschen und was es eben so zu tun gab am Schlachttag. Der kleine Gottlob nahm an den Vorgängen im Hof durchs Fenster in Michels Stube teil. Er kniete auf dem gewölbten Deckel der Truhe und sah hinunter auf die Leute, die tote Sau und die Gölten und Eimer. Man könne ihn da unten nicht brauchen, da sei er nur im Weg. Außerdem sei es gefährlich mit dem heißen Wasser und den scharfen Messern und so, hatte die Ahne gesagt. Er könne von oben zugucken und sei in der warmen Stube. Zunächst war der Gottlob sehr zufrieden auf seiner Truhe. Aber dann verzogen sich die Leute hinein zum Kessel und zum Fleisch, das darin kochte. Drinnen wurden auch die Würste, die Grieben- und Leberwurst vorbereitet und gekocht. Jetzt konnte der Bub nichts mehr beobachten als die Katze, die herumschlich und kleine Bröckela Fleisch fraß. Das war ihm zu langweilig. Auch merkte er, dass ihm die Knie weh taten vom Knien auf den Holzleisten des gewölbten Deckels.

Ja, die Truhe! Die war geheimnisvoll und interessant. Das Schloss ließ sich leicht öffnen und der Deckel hochheben. Wie tief und dunkel es darinnen war! Er musste sich weit hineinbeugen und mit den Händen hineingreifen. Die Finger ertasteten runde dicke Scheiben. Die mussten bei Licht betrachtet werden. Schön waren sie, so glänzend. Er legte eine Reihe davon auf den Fenstersims und freute sich an ihrem Glanz. Aber wozu war er ein Bub mit einer neuen Winterhose, die große, tiefe Hosensäcke hatte? Ein Sacktuch war schon drin, aber darüber war noch viel Platz. Und Hosensäcke wollten gefüllt sein mit möglichst vielen Sachen. Also packte er eine Handvoll von diesen glänzenden Scheiben hinein und noch eine und eine dritte. Schön schwer waren sie nun, wohl ebenso schwer wie die Kieselbatzen vom Brunnenplatz, die er sonst so gern in die Hosensäcke steckte.

Die Mutter rief zum Abendessen. Heute gab es Brotsuppe mit Kesselbrühe. Kartoffeln und gestandene Milch (Sauermilch, Dickmilch) gehörten zum täglichen Abendessen. Nach der Abendmahlzeit gingen die Kinder ins Bett. Sie hatten heute so viel erlebt, dass sie todmüde waren. Die Erwachsenen saßen noch um den großen Tisch in der Küche und schnitten Speck. Der sollte morgen ausgelassen werden, damit die leeren Schmalzhäfen wieder voll wurden. Den Vater aber, den Christian Gottlieb Gökeler, störten die achtlos abgestreiften Kleider seines Sohnes. Die Pauline war da sorgfältiger, halt älter, ein Mädchen und von Mutter und Ahne als kleines Hausmütterle erzogen. Der Vater hob die Hosen Gottlobs auf. Au, waren die schwer. »Hat der Kerle wieder einmal Kieselbatzen gesammelt?«, murmelte der Vater und griff hinein. Er hatte schon das Fenster geöffnet und war bereit, die vermeintlichen Steine hinauszuwerfen auf die Straße. Aber dann hielt er inne. Nein, das waren keine Kieselbatzen, so fühlten die sich nicht an. Er öffnete die Hand und sah Gold blitzen im schwachen

Licht der Öllampe. Das waren ja Goldstücke aus der Truhe des Michelvetters. Um ein Haar hätte er sie auf die Straße geworfen. Trotz allen Ärgers musste er schmunzeln bei dem Gedanken, dass die Vorübergehenden am Morgen vor Gökelers Haus Goldstücke gefunden hätten. Dort, in Amerika, waren sie aber nicht auf der Straße gefunden worden, sondern in jahrelanger mühevoller Arbeit sauer verdient. Nun fiel es dem Christian Gottlieb nicht mehr schwer, den Michelvetter davon zu überzeugen, dass sein Altersruhegeld auf der Sparkasse besser aufgehoben sei als in der Truhe in seiner Kammer.

»Schulahne, Schulahne!«

Die Erinnerungen meiner Schlossahne an ihre Ahne sind ganz eng verbunden mit denen an ihre Mutter Anna Maria. Miteinander arbeiteten die beiden Frauen im Haushalt und auf dem Feld, miteinander zogen sie die Kinder Pauline, Gottlob, Christian, Marie und Wilhelm auf. Allerdings, so erzählte die Pauline, meine Schlossahne, sei ihre Mutter kaum zum Kochen gekommen. Im Alter habe ihr Mann sie einmal geneckt: »Gelt, du hast es immer gut gehabt. Zuerst hat deine Mutter gekocht, und als die es nicht mehr konnte, da haben es deine Töchter getan.«

Die Anna Maria war das einzige Kind ihrer Eltern, ein gescheites, wissbegieriges Mädchen. Als sie 13 Jahre alt war, sei der Pfarrer ins Haus gekommen und habe den Eltern geraten, ihre Tochter Lehrerin werden zu lassen. Wie kam der geistliche Herr darauf, dass ein »Wengertersmädle« Lehrerin werden könnte? Die Anna Maria muss demnach besonders gescheit gewesen sein. Aber sie war auch verwachsen, hatte einen »Schnitzbuckel«. Die Eltern waren sich einig, dass ihre einzige Tochter bei ihnen bleiben und einmal ihr »Sach« erben solle. Da sei sie an ihrem Platz und gut versorgt. Sie hatten es nicht nötig, ihr einziges Kind Lehrerin werden zu lassen.

Wie war es nun zu der Verwachsung gekommen? In ihrer Kindheit ist die Anna Maria sehr schnell gewachsen, sodass sie bald die Größte in ihrem Jahrgang war. Ich schreibe bewusst »Jahrgang«, nicht »Klasse«. In der Schnaiter Schule gab es nämlich nur zwei Klassen, die Unterklasse und die Oberklasse. Die jüngeren Schüler wurden vom »Herrn Provisor« unterrichtet, die älteren vom »Oberlehrer«. Die Anna Maria war also die Größte in ihrem Jahrgang, und das schon in der Unterklasse. Die anderen Kinder, grausam, ohne es sein zu wollen, riefen ihr spottend »Schulahne« nach, und das verletzte sie schwer. Vielleicht war auch eine gute Portion Neid dabei, weil das Mädchen immer auf dem ersten Platz saß, dem Platz des besten Schülers, der besten Schülerin. Aber nein, eine »Schulahne« wollte die Anna Maria nicht sein, dagegen musste sie etwas tun. Sie wusste auch schon, was.

Die Kühe im Stall wollten jeden Tag ihr Futter haben. Die Wiesen, wo das Gras wuchs, lagen ein gutes Stück vom Ort entfernt. Das Gras wurde mit der Sense gemäht oder mit der Sichel geschnitten und auf quadratische Grastücher gepackt. Dann wurde der »Gaang« auf den Kopf gehoben und den weiten Weg nach Hause getragen. Manchmal, vor allem an Samstagen, unternahmen die Frauen den Grastransport auch mehrmals.

Die Anna Maria selbst mähte noch nicht, das taten die Erwachsenen. Aber mit der Sichel ging sie schon sehr geschickt um. Zwar gab es manchmal Schnitte in die linke Hand, die das Gras aufnahm. Doch die Anna Maria leckte das Blut einfach ab. Dann band sie das Taschentuch darum. Gleich darauf graste sie weiter. Wehleidig durfte man bei diesem Geschäft nicht sein. Aufgabe des Mädchens war es auch, das Gras auf die Grastücher zu schichten. Den ersten Schübel legte sie auf die Mitte, je einen auf die vier Ecken und dann noch einen auf die Mitte. Wenn sie so weit war, kam die Mutter oder die Ahne, um den »Gaang« zu binden. Das machte man tunlichst zu zweit, damit die geflochtenen Hanfseile auch fest geknüpft waren. Die Anna Maria packte gleich viel Gras auf alle Grastücher, auch wenn die Ahne meinte: »Machst deinen Gaang ein bissle leichter.« Im Stillen lobten die Erwachsenen das Kind, dass es so tüchtig sei. Laut äußerten sie das nicht, das Mädchen könnte sonst hochmütig werden.

Manchmal setzte die Anna Maria noch einen Extraschübel auf ihr Grastuch. Ihre Überlegung war: »Wenn ich recht schwere Gänge auf dem Kopf trage, werde ich nicht mehr so schnell in die Höhe schießen. Dann hätten die anderen Kinder keinen Grund mehr, mich ›Schulahne‹ zu heißen.« Ja, sie wurde sogar kleiner, aber nur, weil sich ihr junges, noch weiches Rückgrat verbog. Sie kriegte einen »Schnitzbuckel«.

Die Erwachsenen merkten lange nichts. Schuluntersuchungen gab es nicht. Zum Doktor ging man nur, wenn man hohes Fieber und starke Schmerzen hatte. Der Arzt und die Apotheke waren ja teuer, und eine Krankenversicherung gab es nicht. Noch bis heute hat sich die Redensart erhalten: »Schmerz, lass nach, der Doktor kommt mitsamt der Apothek!« So wurde die Rückgratverkrümmung der Anna Maria nicht behandelt, sie war eben »verwachsen«.

Wie der Urehle um die Urahne gefreit hat

Das war die Lieblingsgeschichte meiner Schlossahne, und sie hat gern davon erzählt in vielen Einzelheiten. Um der besonderen, anschaulichen und zugleich verhüllenden Wortwahl der Ahne willen erzähle ich auch die Vorgeschichte.

Der Christian Gottlieb Gökeler war ein strammer Bursche in seinen Lederhosen und seinen weißen Strümpfen. Und da ist ein Mädle gewesen, die hatte Sach (Besitz, Güter) gehabt, und sauber (schön) war sie auch. Der Christian hat sie ganz gern gehabt. Sie ist aber ausgeartet (ich vermute, sie hat sich mit einem Burschen eingelassen und war nicht mehr Jungfrau) und hat nicht heimkommen dürfen. Da hat sie zum Christian gesagt: »Wenn du machst, dass ich wieder heim darf, dann nehme ich dich.« Aber der Christian hat sie vielleicht grad deshalb nicht heiraten wollen.

Im Frühjahr, im Hacket (die Weinberge werden tief umgehackt), ist der Christian einmal spät vom Weinberg heimgegangen. Die Nachbarn waren alle schon daheim, es war sinkende Nacht. Da sieht er auf einmal auf Lenzens Wengert unten am Weg einen Karst, eine zweizinkige Hacke, liegen. Er denkt, am besten nehme ich ihn mit, nicht dass er noch gestohlen wird. Also nimmt er ihn zu seinem eigenen Karst auf die Achsel und geht weiter. Unterwegs stellt er sich vor wie er dort ins Lenzen Haus kommt. Da fällt ihm ein: »Da könntest du auch gleich ums Mädle fragen.« Die Anna Maria hat ihm wohl trotz ihres Schnitzbuckels gut gefallen.

So weit die Erzählung meiner Ahne. Alle weiteren Folgerungen gehen aus dem Stammbaum hervor, dass nämlich der Christian Gottlieb Gökeler und die Anna Maria Lenz am 5. Mai 1873 geheiratet haben.

Im Frühjahr, im Mai, konnten nur die heiraten, die so viel Geld hatten, dass sie nach einem Winter ohne Einnahmen nicht völlig abgebrannt waren. Eine Hochzeit auszurichten, kostete nämlich viel Geld. Es galt nicht nur das Hochzeitsmahl, den Pfarrer und den Organisten zu bezahlen, sondern auch die Aussteuer der Braut. Zu dieser Aussteuer gehörten sowohl Möbel und das Bettzeug für das Paar als auch die Leibwäsche und vor allem die Kleider der Braut. So bekam die Anna Maria zwei Werktagskleider, bestehend aus Rock, Bluse und Jäckle. Dazu kamen zwei Sonntagskleider und ein besonderes schwarzes Kleid fürs Abendmahl, für Karfreitag, Totensonntag und Trauerfälle in der engeren »Freundschaft«. (Das Wort war damals gleichbedeutend mit dem heutigen »Verwandtschaft«. Heute gilt die Redensart »Das bleibt in der Familie«. Die Ahne hätte gesagt: »Des bleibt en dr Fraidschaft.«)

Die guten Kleider, die zur Aussteuer gehörten, waren für das ganze Frauenleben bestimmt. Sie waren aus guten Stoffen genäht, das Winterkleid aus kräftigem Wollstoff, das Sommerkleid aus einem feinen »Wollstöffle«. Sie wurden hauptsächlich in die Kirche getragen. Zu Hause wurden sie gleich wieder abgelegt und der »Werktagskittel« angezogen. Alle Kleider waren weit geschnitten, sodass sie auch bei Schwangerschaften oder in Stillzeiten passten, denn Schwangerschaften waren ja sehr erhofft nach der Hochzeit.

Zwei Töchter und drei Söhne wurden hineingeboren in das Haus am Brunnenplatz. Die Jahre vergingen, die fünf Gökelerkinder wuchsen heran. Schon bald kam ein Zug »zu de bessere Leut« zum Vorschein. Die zweite Tochter, Marie, gewann schon in der Schulzeit die Töchter des Kaufmanns und Apothekers zu Freundinnen. Besonders die Johanna Hopfer war ihr eng verbunden. Vielleicht war es aber auch die intelligente, belesene und musisch begabte Weingärtnerstochter Marie, die von den Apothekerstöchtern zur Freundin erkoren wurde? Auf jeden Fall hielt diese Freundschaft an durch gute und schlechte Zeiten. Sie hielt auch großen räumlichen Entfernungen stand, als nämlich der Herr Hopfer seine Apotheke in Schnait verkaufte und mit seiner Tochter Johanna nach Neuenstein übersiedelte. Immer wieder kam das »Fräulein Johanna« zu Besuch ins Haus am Brunnenplatz.

Der zweite Gökelersohn, der Christian, war ein guter Schüler, ein begabter Rechner, sehr musikalisch, kurz, ein vielversprechender Bub. Der Oberlehrer trat an die Eltern heran, sie sollten den Buben doch »etwas lernen lassen«, etwa Notar oder »Feldmesser« (Geometer). Die Eltern wogen ab: Von drei Buben könne schon einer etwas lernen. Die vorgeschlagenen Berufe waren wohl passend für den Christian. Aber der fühlte sich im Schoß der Familie und in der gewohnten Arbeit im Weinberg so geborgen und sicher, dass er daheim bleiben wollte. Gezwungen hat man ihn nicht. Aber ein paar Jahre später hat er seinen Entschluss wohl bereut. Da war nämlich ein Mädchen, eine feine, gebildete »höhere Tochter«. Sie spielte Klavier und lernte später auch Orgelspielen. Ein Jahr lang war sie in einem Pensionat ausgebildet worden. Kurz, sie stand eine Stufe höher als der Wengerter Christian. Er hat nie darüber gesprochen, dass er die Luise herzlich gern hatte, aber wenn sie zu Besuch kam – ihre Mutter wohnte in der Nachbarschaft, und wenn sie die besuchte, schaute die Luise auch bei Gökelers herein –, wurde der Christian »ganz lebendig«. Die Luise hat einen auf gleicher Stufe stehenden Mann geheiratet und wohnte nicht weit entfernt am Neckar. Der Christian aber hat nie geheiratet. Er und seine Schwester Marie lebten mit unserer Familie zusammen in einem Haus. Für uns sieben Stilz-Kinder war er der freundlichste, geduldigste Großonkel, den wir uns wünschen konnten. Aber da greife ich der Zeit ein wenig voraus.

Bücher, welche Freude!

Die Schnaiter Schule hatte schon seit langer Zeit eine kleine Bücherei. Dort durften die Schüler für sich und ihre Familienmitglieder kostenlos Bücher ausleihen. Im Winter war einmal in der Woche Ausleihtag. Im Sommer waren es die Heranwachsenden, die am Sonntag in die »Sonntagsschule« mussten zur nachschulischen Weiterbildung. Sie waren ja erst 14 Jahre alt, wenn sie aus der Schule entlassen wurden. In der Sonntagsschule wurden ihre Kenntnisse in Religion, Lesen, Schreiben mit Schönschrift und Rechnen geübt und vertieft. Auch wurde auf berufsbezogene Fragen der jungen Leute eingegangen. Dieser »Fortbildungsunterricht« dauerte zwei Jahre, und während dieser Zeit hatten sie auch Zugang zur Schulbücherei. Wer ein Buch zurückbrachte, bekam ein neues mit. Die Gökelerskinder machten gerne Gebrauch von der Schulbücherei. Die Schlossahne erzählte: »Wir haben halt nicht viel zum Lesen gehabt. Wenn wir dann alle Bücher aus der Schulbücherei ausgelesen hatten, haben wir sie eben nochmals gelesen. Es sind auch noch die alten Lesebücher von unserem Vater und unseren Großeltern da gewesen, die haben wir auch immer wieder gelesen und viele Gedichte daraus auswendig gelernt.«

An eigenen Büchern hatten die Kinder außer der Fibel und dem Lesebuch das Spruchbuch und den Katechismus, den sie zur Konfirmation auswendig lernten. Überhaupt wurde auf Auswendiglernen großer Wert gelegt, und die gelernten Verse,

Sprüche, Lieder hafteten bis ins hohe Alter. Nach der Konfirmation kam noch das Gesangbuch dazu. Es wurde mit einer Widmung von den Paten geschenkt. Der Denkspruch fand darin seinen beständigen Platz und auch manch schönes Bildle als Merkzeichen. Die Familienbibel bekam das Brautpaar bei der Hochzeit von der Kirchengemeinde durch den Pfarrer überreicht. Sie war nicht nur ein Prunkstück auf dem Bücherbord, sie wurde auch gebraucht. Vor und hinter dem Bibeltext waren viele leere Seiten. Dort wurden in schönster Schrift die Familienereignisse eingetragen wie Geburten, Heiraten, Todesfälle, auch der Erwerb von Grundstücken oder Brandfälle. So war die Familienbibel ein großes, schweres Stück mit dickem schweinsledernem Einband. Handlicher waren die Andachtsbücher, die Hauspostillen, die bei den morgendlichen und abendlichen Andachten vom Bord geholt wurden. Der Vater oder ein heranwachsender Sohn las der Hausgemeinschaft daraus vor.

Im täglichen Gebrauch waren auch die broschierten Jahreskalender. Diese enthielten neben den umfangreichen Kalendarien mit Sonnenauf- und -untergang, dem hundertjährigen Kalender und Bauernregeln auch viele ernste, lehrhafte und amüsante Geschichten. Einen Verfasser solcher Kalendergeschichten im süddeutschen Raum kennen sicher viele Leser: den Geistlichen und Pädagogen Johann Peter Hebel. Seine Kalendergeschichten veröffentlichte er im »Rheinischen Hausfreund« zwischen 1809 und 1819. Die Ahne hat uns manche davon erzählt.

Ihre vielen, vielen Geschichten und Gedichte hat sie uns an heimeligen Wintertagen beim Flicken, Stricken, Nähen in der warmen Stube oder an frischen Frühlingstagen bei der Arbeit auf den Wiesen vorgetragen. Wen wundert es, dass sie so die Lust am Lesen, das Interesse an alten Geschichten geweckt und geschürt hat in ihren Enkeln?

Nun aber eine weitere Geschichte aus der Jugend meiner Schlossahne. Es muss nach 1890 gewesen sein. Der Vater Gottlieb Christian, die Söhne Gottlob, Christian und Wilhelm sowie die Tochter Pauline arbeiteten im Weinberg. Die Mutter Anna Maria war zu Hause. Sie wollte das Mittagessen kochen. Die ersten Vorbereitungen waren getroffen, aber dann geriet sie an ein Buch. Sie wollte nur ein bissle hineingucken, es war ja noch Zeit, bis sie mit dem Kochen anfangen musste. Aber dann war das Buch so spannend, dass sie sich festlas, Mittagessen, Familie, alles vergaß. Sie tauchte aus einer ganz anderen Welt auf, als sie drunten die Tür klappern hörte. Die Pauline kam in die Küche, wo die Mutter eben das Feuer im Herd anzündete. Erstaunt sah sie lediglich das Buch auf dem Küchentisch liegen. »Ich habe gar nichts gesagt, hab nur schnell einen ›Dirkornbrei‹ (Maisbrei) gemacht. Die Mutter hat derweil einen Salat im Garten geholt. Den hat sie gelesen und gewaschen. Dann haben wir den Tisch gedeckt, und wie die Männer heraufgekommen sind, haben wir essen können.« Ja, so hat die Tochter die Mutter verstanden. Und die Urenkelin denkt heute: »Das hätte mir auch passieren können, dass ich über einem Buch alles andere vergessen hätte.«

Aus dem Alltag der Schlossahne

Die Frauen und Männer mussten früher viel schaffen. Allein der Transport vom Viehfutter oder vom frisch geernteten Obst war eine mühselige Angelegenheit. Wie ich schon erzählt habe, wurde das frische Futter für die Kühe von den Frauen auf dem Kopf nach Hause getragen. Heu, Öhmd und das Getreide wurden mit dem großen Leiterwagen von den

Kühen heimgezogen. Für Heu und Öhmd wurden vorne und hinten die »Schilde« zwischen die Leitern gestellt, damit die Halme nicht hinausfallen konnten. Für das Getreide wurden große Grastücher in die Lücken der Sprossen gehängt, die die Körner auffingen. Für die natürliche Düngung transportierten die Bauern den Mist auf dem Mistwagen zu den Äckern, Wiesen und Weinbergen. Das Güllenfass wurde auf den Mistwagen geladen und gefüllt. Die Zugtiere waren immer die Kühe. An den Äckern wurde die Gülle mit dem »Lachaschöpfer« umgeschöpft in den »Lachabutta« und auf dem Rücken zwischen die Kartoffel- und Rübenreihen getragen. Das war eine »anrüchige« Arbeit, die die Männer immer an Samstagen bei anstehendem Regenwetter unternahmen. Danach konnten sie nämlich ihre »schmackigen« Kleider zur Wäsche geben und anschließend das traditionelle »Bad am Samstagabend« genießen.

Weil die Anna Maria vom Tragen der schweren Grasbündel auf dem Kopf buckelig geworden war, sollte das ihren beiden Töchtern nicht passieren. Also ließ ihr Mann vom Wagner einen vierrädrigen Wagen bauen. Die »Leitern« des »Handwägele« waren so konstruiert, dass sich die oberen Holme etwa in Brusthöhe befanden. Die Vorderräder waren so angebracht, dass sie mit dem »Deichsele« gelenkt werden konnten. Dieses Deichsele endete vorne in einem runden Querholz. Man konnte allein oder zu zweit am Deichsele ziehen, aber besser ging es, wenn die zweite Person von hinten schob. Zum Bremsen bergab oder wenn das Handwägele festgestellt werden sollte, war noch eine »Micke« (Bremse) mit Drehkurbel seitlich angebracht.

Der Vater ließ also vom Wagner dieses Handwägele bauen. Sicher gab es schon einen Prototypen, aber die Gökelers fuhren angeblich als Erste damit hinaus in die Wiesen und auf die Äcker. Die ganze Familie hatte großen Nutzen davon.

Im Lauf der Zeit schafften immer mehr Weingärtner solche Handwägele an, und bald waren sie aus dem landwirtschaftlichen Verkehr nicht mehr wegzudenken.

In jener Zeit wurden an den nördlichen Hängen des Schurwalds sowie überall entlang der Straßen Obstbäume angepflanzt, Kirschen-, Äpfel- und Birnenbäume. Die Kirschen wurden gepflückt und verkauft. Sie brachten als erstes Obst im Jahr gutes Geld, wenn sie einmal auf den Markt gebracht waren. Die Frauen machten sich frühmorgens auf. Sie trugen große Weidenkörbe auf den Köpfen. Zwanzig Pfund Kirschen waren in jedem Korb, und die Frauen trugen sie bis Cannstatt oder Stuttgart, fast zwanzig Kilometer weit. Dort verkauften sie ihre Kirschen und machten sich dann wieder auf den Heimweg, natürlich wieder zu Fuß. Eine Fahrkarte zu bezahlen und den Zug zu benützen, war eine unnötige Geldverschwendung und schmälerte den Erlös. Da war denn auch das Handwägele eine große Erleichterung. Nicht nur, dass die Kirschenkörbe nicht getragen werden mussten, mit einigem Geschick konnten auch mehrere »Zorna« (zweihenklige Weidenkörbe) aufs Handwägele geladen werden. Mehrere Frauen konnten zusammen auf den Markt fahren und sich gegenseitig unterstützen.

Haltbarmachen durch Eindünsten oder Einfrieren kannte man damals noch nicht. Allerdings gab es andere Methoden, das Obst zu verarbeiten. So wurden die Kirschen, die nicht frisch gegessen oder verkauft wurden, zu Schnaps gebrannt. Die Äpfel und Birnen hingegen waren dafür nicht süß genug. Sie gaben aber einen guten Most, und der war das Hauptgetränk der Schnaiter. Der Wein wurde verkauft und kam nur zu besonderen Gelegenheiten auf den Tisch. Der Most hingegen wurde von Männern, Frauen und Kindern getrunken. Die Kleinen bekamen Milch, aber die größeren Kinder tranken oft mit aus dem Mostglas von Vater oder Mutter. Allerdings war den Erwachsenen bewusst, dass Most nicht gesund ist für Kinder. Die Nachbarn spotteten über ein auffälliges Kind: »Bist in einem guten Obstjahr geboren?« Das bedeutete, dass er oder sie als Kleinkind zu viel Most bekommen hatte und sich darum nicht normal entwickelte. Vernünftige Eltern mischten daher ein wenig Most unter viel Quell- oder Brunnenwasser, aber ein bisschen nach Most musste das Getränk schon schmecken.

Die Äpfel wurden natürlich nicht nur gemostet, sondern die schönsten, schmackhaftesten wurden gebrochen, sorgfältig heimgebracht und im Keller in großen, flachen Holzkisten, den »Äpfelhurden«, eingelagert. Danach galt für die Kinder: »Äpfel und Brot macht Backen rot.«

Äpfel und Birnen wurden noch auf eine andere Art für den Winter konserviert: Sie wurden gedörrt. Die Frauen suchten dazu beim Birnenauflesen die besten, reifsten Birnen von den Sorten »Brôtbirnen« und »Balmersbirnen« heraus. Zu Hause zerschnitten sie die Früchte, trennten Stiele und »Butzen« (die getrockneten Blütenansätze) ab und trockneten sie im Gemeindebackhaus zu »Schnitz«. Dort war hinter den Backöfen die »Dörre« angebaut, in der eine gleichmäßige Hitze herrschte. Mit den späten Zwetschgen, den »Hauszwetschgen«, wurde ähnlich verfahren. So gab es dann ab und zu »Schnitz und Zwetschgen« zum Mittagessen. Für die Kinder war das eine willkommene Abwechslung zum schwer verdaulichen Sauerkraut und den gleichfalls schwer verdaulichen Hülsenfrüchten Linsen und Kernbohnen.

Die Männer zogen die »habhaften« Gerichte vor. Vom Sauerkraut konnten sie kaum genug kriegen, und das war gut so. Denn davon kochte die Mutter einen »großen Hafen«, damit es für ein paar Tage langte. Das Krautessen wurde auch nicht langweilig, wenn die Mutter es verstand, immer wieder eine andere Beilage mit aufzutischen. Am ersten Tag gab es Sauerkraut mit Rauchfleisch und einem Stück Brot. Am zweiten Tag wurden Kartoffeln dazu geröstet. Am dritten Tag gab es Spätzle zum Kraut, und wenn dann das Kraut immer noch nicht aufgegessen war, kamen zum Kraut noch geröstete Spätzle mit einem Ei darüber auf den Tisch. So wurden die Mägen voll, und man konnte arbeiten bis zum Abend, ohne dazwischen vespern zu müssen. Die Kinder aber mochten das saure Kraut gar nicht. Es lag ihnen zu lange schwer im Magen, und beim Aufstoßen hatte man den Geschmack immer neu im Mund. Außerdem war das Rauchfleisch trocken und zäh, auch wenn man davon nur ein paar kleine Bröcklein auf den Teller kriegte, die einem die Mutter zugeteilt hatte. »Alles meine guten Freunde«, soll der Vater gesagt und das Rauchfleisch von den Tellern der Kinder auf seinen Teller gesammelt haben, erinnerte sich die Schlossahne.

Aus Kindern werden Leute

Die fünf Kinder der Anna Maria, die Gökelerkinder, wuchsen heran. Die Pauline, die älteste Tochter, wurde zunächst als »Kindsmagd« für die kleineren Geschwister gebraucht, besonders für den Wilhelm. Danach arbeitete sie im Haushalt, im Stall, auf den Äckern und Wiesen und in den Weinbergen mit. Sie hat tüchtig schaffen können. Sie hat auch schwere Lasten auf dem Kopf getragen, aber erst, als sie erwachsen war. Darauf achteten die Eltern und die Brüder. Dann aber hat sie bis ins hohe Alter einen Laib Brot, vielmehr den Teig im Brotkörble, frei auf dem Kopf und unter jedem Arm ein Kuchenblech ins Backhaus getragen. Sie hat auch immer eine gerade, stolze Körperhaltung gehabt.

Die zweite Tochter, die Marie, arbeitete beim Konditormeister Linsenmaier in der Backstube. Von da hat sie viele Rezepte für Feingebäck und Christtagsgutsle mitgebracht. Berühmt waren ihre »Brillen«, ein Honiggebäck in brillenähnlicher Form, das sie immer vorrätig hielt. Damit belohnte sie uns manchmal, wenn wir ihr einen Dienst getan hatten. Sie hat auch gern geholfen, den Kindern in der »Sonntagsschule« Geschichten zu erzählen und sie zu beschäftigen.

Die Pauline hat am 25. Mai 1899 den Schlossschillers Jakob geheiratet und ist ins Schloss gezogen. Das Schloss hatten die Herren von Gaisberg gebaut. Die verkauften es irgendwann, aber auch die neuen Besitzer verarmten immer mehr, sodass sie 1779 das »Neue Schloss« mit allen Gebäuden und Rechten an den Weingärtner Israel Schiller verkauften.

Die Schlossschillers haben nur kurz das ganze Neue Schloss zu eigen gehabt. Als die Pauline Gökeler und der Jakob Schiller heirateten, gehörte dem Jakob nur noch die Hälfte des großen Gebäudes. Die andere Hälfte gehörte den Schlossellwangers.

Im Frühjahr 1900 ist der Sohn Ernst geboren. Am 1. September kam die Luise Marie, das Mariele, zur Welt, 27 Jahre und einen Tag nach ihrer Mutter, der Pauline. 1902 kam die Tochter Rosine (Rösle) dazu und zwei Jahre später der Christian. Im Jahre 1908 kam noch ein Luisle auf die Welt, das aber schon als Kleinkind gestorben ist.

Anna Maria, die Ahne dieser Schillerkinder, war um diese Zeit »nicht mehr so gut beieinander«. Ihr Herz und ihre Lunge waren durch die Rückgratverkrümmung und durch die schwere Arbeit sehr in Mitleidenschaft gezogen worden. Sie ist »halt bettlägerig« gewesen. Ihre »Medizin« waren eine gute Fleischbrühsuppe mit Küchenkräutern, die Milch von den eigenen

Pauline Schiller.

Kühen, Eier von eigenen Hühnern – und ihre drei Enkelkinder, der Ernst, das Mariele und das Rösle. Den Christian Schiller gab es damals noch nicht, der wurde erst im Dezember geboren.

Die Pauline ging mit den drei Kindern so oft zum Brunnenplatz, wie sie nur konnte, half im Haushalt und saß bei der Mutter, die meistens schlief. Oft saß auch der Vater am Bett der Mutter und hielt ihre Hand. Und da ist sie einmal von einem Schläfle aufgewacht, hat den Vater angeschaut und gesagt: »Weißt, ich mag dich halt so!« Von dieser Liebeserklärung auf dem Sterbebett, nach 31 Jahren Ehe, hat der Gottlieb Christian bis an sein Lebensende gezehrt. Drei Tage darauf, am 24. Januar 1904 hat die Anna Maria Gökeler für immer einschlafen dürfen. Wenn unsere Ahne, die Pauline Schiller, uns diese Geschichte erzählte, fügte sie jedes Mal hinzu: »Sie ist eine gute Mutter gewesen. Wir haben immer zu ihr kommen dürfen, mit allem, was uns bewegt hat.«

Jakob Schiller als Soldat.

Nachdem die Schlossahne gestorben war, wurden Gottlieb Christian und seine zwei Söhne Christian und Wilhelm (der Älteste, der Gottlob, war schon verheiratet) nun von der Tochter Marie versorgt. Die jungen Männer – der Wilhelm war beim Tod der Mutter 17 Jahre alt – konnten fest schaffen und hatten Freude an ihrem Geschäft. Sie dachten auch an ihre Zukunft. Im Land der Realteilung durften die Grundstücke nicht zu klein werden, wenn sie eine Familie ernähren sollten. Der Grundbesitz wurde nämlich gleichmäßig unter alle Kinder aufgeteilt. Da kam es nicht selten vor, dass aus einem Grundstück zwei »Grundstückle« wurden. Bei der Eheschließung bekam die Braut oder der Bräutigam einen Acker, eine Wiese, einen Weinberg vom Besitz der Eltern. Dazu mussten die sich noch Grundstücke kaufen, um eine Existenzgrundlage zu haben. Nach dem Tod der Eltern wurde deren restlicher Besitz gleichmäßig an die Kinder verteilt. »Gleichmäßig« ist es aber nach Ansicht der Erben selten zu machen. Da gibt es bessere

Von links: Mariele Schiller, Dota Marie, Gökeler-ehle.

und schlechtere Lagen, unterschiedliche Böden, größere und kleinere Stückle, ortsnahe und weit entfernte »Gütle«. Wenn jemand sich rühmt, dass er mit seinen Geschwistern gut auskomme, musste er sich die Frage gefallen lassen: »Ja, habt ihr denn schon geerbt?«

Dann kam der Sommer 1914, der Mord in Sarajewo, und der Erste Weltkrieg brach aus. Alle drei Söhne mussten einrücken. Der Gottlob war ja verheiratet mit Flaschners Rickele, sodass sein »Sach« von seiner Frau verwaltet wurde, aber der Christian und der Wilhelm fehlten sehr, nicht nur bei der Arbeit. Der Vater und die Marie konnten damit nicht allein fertig werden. Zu ihrer Unterstützung nahmen sie das nun 13-jährige Mariele Schiller ins Haus. Sie war im Frühjahr konfirmiert worden. Die Konfirmation war damals gleichbedeutend mit der Schulentlassung. Die jungen Leute waren eigentlich noch Kinder, aber sie wurden voll in die Arbeitswelt hineingenommen. Allerdings waren die Weingärtnerskinder schon lange vorher in die Arbeit in der Landwirtschaft eingeführt worden, aber sie hatten immer noch die Schulstunden als Erholung für den Körper. So war die Arbeit für das Mariele nichts Neues. Sie arbeitete gerne mit ihrer Dote und ihrem Ehle (Großvater) zusammen. Diese achteten auch gut auf das junge Mädchen.

Im Haus unter dem der Gökelers wohnte die Familie Stilz, deren Vater, der Johann David Stilz, ein begeisterter Veteran war. Aber jetzt, mit 45 Jahren, war er nicht mehr zum Heer eingezogen worden. Seine älteste Tochter Pauline, Päule genannt, war die Schulkameradin und enge Freundin vom Mariele Schiller. An den kurzen Feierabenden und an den Sonntagen waren die beiden meist beieinander. Sie erzählten sich gegenseitig ihre Erlebnisse und ihre Kümmernisse. An den Sonntagen gingen sie zusammen in den Jungfrauenverein ins Lützehaus. Dort sangen sie mehrstimmige Choräle und auch andere Lieder. Das Liederbuch, aus dem sie dort sangen, hat meine Mutter, das Mariele, lebenslang in Ehren gehalten. Sie hat auch mit uns Kindern viele schöne Lieder aus dem Liederbuch mit dem Titel »Ein immer fröhlich Herz« gesungen.

Eine meiner frühesten Erinnerungen hängt mit einem dieser Lieder zusammen. Ich muss damals etwa drei Jahre alt gewesen sein. Seit ein paar Tagen ging ich ins Kinderschüle. Die Mutter hockte vor mir auf dem Boden. Ich saß auf einem Stuhl und hatte meine Füße auf ihren Knien. Während sie mir die Stiefelchen anzog und zuschnürte, sang sie mir vor: »Im Himmel, im Himmel ist Freude gar viel, da singen die Englein und haben ihr Spiel ...« Ich hatte wohl das Lied schon zuvor gehört und auch gesungen. Es gefiel mir sehr und klang in mir nach. Als ich fertig angekleidet war, hängte mir die Mutter das »Schülestäschle« mit dem Vesperbrot um und schickte mich auf den Weg. Ich durfte allein gehen und fühlte mich sehr groß. Autos gab es 1931 in Schnait nur sehr wenige, also konnte ich ruhig gehen. Unterwegs und im Schüle gab es viele neue Eindrücke.

Auf einmal merkte ich, dass ich das Lied der Mutter vergessen hatte. Ich wollte es aber nicht vergessen! Die Mutter musste es mir wieder vorsingen. Ich weinte laut und ging zu dem Haken, an dem die Schülestäschle aufgehängt waren. Dort suchte ich meines heraus und zerrte so heftig daran, dass ich fast die Bändel abgerissen hätte. Aber ehe ich das Täschle gelöst hatte, hatte mich die Schwester Barbara weggezogen und auf eines der niedrigen Kinderbänkle gesetzt. Dann holte sie ihre Kiste mit den bunten Muggelsteinen und legte eine Handvoll vor mich auf den Tisch. Aber ich wollte keine Muggelsteine, ich wollte das Lied meiner Mutter! Das konnte nur sie mir vorsingen, und dann würde es wieder in mir klingen. Ich legte den Kopf auf den Tisch und weinte, weinte bitterlich. Da setzte sich die kleine Martha, ein Jahr älter als ich, zu mir. Sie rückte ganz nahe an mich heran und legte den Arm um mich. »Komm, ich lege dir etwas von den Muggelsteinen, ein Haus, einen Baum, eine Blume, eine Sonne«, sagte sie leise. Nun hob ich den Kopf und schaute ihr zu, wie sie aus dem Häuflein Steine eine Traumlandschaft legte. Meine Tränen versiegten, mein Interesse war geweckt. Ganz lieb schaute mich die Martha an. »Gell, das ist schön. Und jetzt heulst du nicht mehr, jetzt lachst du wieder.« Nein, ich weinte nicht mehr. Und das Lied der Mutter würde ich mir später vorsingen lassen. Ich wusste, es war nicht verloren, es wartete auf mich.

Doch zurück in die Kriegszeit. Im Jungfrauenverein wurde viel gesungen, aber auch andere Dinge wurden geboten. An schönen Frühlings- und Sommersonntagen wurden auf dem Spielplatz des Kinderschüles Reigen getanzt und dazu gesungen. Es wurde auch aus guten Büchern vorgelesen. Aber das Wichtigste waren die Lesungen aus der Bibel und die Erklärungen der Bibeltexte.

Die Sonntage, die streng eingehalten wurden – Tiere versorgen und Kochen war erlaubt, Handarbeiten aber nicht –, waren für das Mariele Schiller eine rechte Labsal, nicht nur für den Körper, sondern auch für den hungrigen Geist und die durstige Seele des jungen Mädchens.

Später erzählte uns die Mutter, sie sei immer müde gewesen, besonders im Frühjahr, im »Hacket«. Zum Glück sei manchmal das schwere Geschäft des Umhackens der steilen Weinberge mit den schweren Mergelböden unterbrochen worden vom Karfreitag und den Osterfeiertagen. Während dieser Zeit, in der nur im Haushalt und im Stall gearbeitet wurde, konnten die Weingärtner die müden Glieder ausruhen, die Blasen an den Händen und den Muskelkater in Armen und Beinen auskurieren. Danach ging die Arbeit mit neuer Kraft weiter.

Nebenher ging auch noch die Sorge um die Soldaten im Feld bei Tag und Nacht weiter. Wie erging es ihnen in den kalten Wintern im Schützengraben? Würden sie überhaupt wieder heimkehren und wie? Immer wieder kamen Nachrichten ins Dorf von Verwundeten, Gefallenen und Vermissten. Am Ende waren es 76 Gefallene und fünf Vermisste. Von denen, die einen Arm oder ein Bein verloren hatten, kündet keine Chronik, kein Denkmal erinnert an sie. Sie hätten das ja auch gar nicht gewollt. Waren sie doch präsent bei ihren Familien und auch im Ortsbild. Der »einarmige Häfner« zum Beispiel ging in meiner Kinderzeit jeden Werktag den vier Kilometer langen Weg aufs »Zügle« nach Beutelsbach und fuhr von dort aus ins Geschäft in die Stadt. Der »Burgermeister« (Finanzbeauftragter der Gemeinde) war auch Weingärtner. Er humpelte jeden Tag aufs Rathaus zu seinem Büro. Er hatte einen Schuss ins Knie bekommen, das jetzt steif war. Seine Familie war umso stärker belastet mit der landwirtschaftlichen Arbeit. Besonders tragisch ist, dass von seinen beiden Söhnen im Zweiten Weltkrieg der ältere den Arm, der jüngere das Bein auf dem »Feld der Ehre« zurücklassen musste.

's ist nicht mehr Krieg

Die Gökelersöhne kamen alle drei gesund und wohlbehalten aus dem Ersten Weltkrieg zurück. Der Christian brachte sein Horn mit und hat später nach langem Bitten und Betteln uns Kinder mit einem »Zapfenstreich« oder einem »Weckruf am Morgen« erfreut. Die Dote Marie sang dann mit: »Kartoffelschnitz, Kartoffelschnitz, den ganzen Tag Kartoffelschnitz, und abends ein Bröckele Käs.« Ich weiß nun nicht, ob der »Gaisburger Marsch« der Zapfenstreich war, aber ich habe das Gericht oft gekocht und esse es gerne mit einem »Bröckele Siedfleisch« und grünem Salat.

Der Christian spielte mit seinem Horn im Posaunenchor des Jünglingsvereins. Mit nur fünf Bläsern hatte der im Jahr 1910 begonnen, war aber während des Krieges fast zum Erliegen gekommen. Die Bläser waren Soldaten gewesen, zwei davon sind gefallen. Nun galt es, den Posaunenchor neu aufzubauen. Neben dem Posaunenchor gab es auch den Musikverein. Der Christian hatte zuerst dort mitgespielt, aber dann erkannt, dass der Posaunenchor ihn nötiger brauchte.

Christian Gökeler.

Es hatte sich eingebürgert, dass der Musikverein bei Beerdigungen die Choräle auf dem Friedhof begleitete. Natürlich mussten die Hinterbliebenen für den musikalischen Einsatz bezahlen, und zwar stolze zehn Mark. Als nun der Posaunenchor mit passenden Instrumenten und eingeübten Bläsern ausgestattet war, hat er auf Anfrage den Kirchhofsdienst übernommen. Für seinen Einsatz verlangte er nur drei Mark. Das hat natürlich den sparsamen Wengertern gefallen. Gottfried Vollmer schreibt in seiner Festschrift zum 100-jährigen Jubiläum des Posaunenchors, dass ein Mann gesagt habe: »Bei der Ahne muss es (das Blasen) nicht um zehn Mark sein, da tut's auch um drei Mark.« War das nun ein Lob oder eine Herabwürdigung? Ich will einmal vom Lob ausgehen.

Die Marie Schiller überließ nun wieder ihren Onkeln, dem Christian und dem Wilhelm, ihre Aufgaben. Zusätzlich zu dem Lohn, den sie schon immer bekommen hatte, bekam sie von ihrer Tante, der Marie Gökeler, ein Harmonium. Nach der Inflation war das der einzige Lohn, der ihr geblieben war. Das Spielen hat sie sich selbst beigebracht. Sie war sich immer bewusst, dass sie nicht gut spielen konnte. »Aber zum Singen langt's«, sagte sie genügsam.

Nachdem also die Marie Schiller wieder im Schloss zu Hause war, ging sie tagsüber zu einer Näherin am Ort, der »Nähere Luis« und lernte das Kleidernähen in allen Details: Zuschneiden der Stoffe (ein heikles Geschäft, denn bald geht ein Schnitt mit der Schere fehl und verdirbt den Stoff), die Teile zusammenheften, anprobieren, ausarbeiten mit Knöpfen und Knopflöchern, Säume aufnähen. Die Näherin war keine Meisterin ihres Fachs. Oft passten die Kleider nicht richtig, aber ihre Arbeiten waren solide, praktisch und nicht teuer, und das genügte den Weingärtnersfrauen. Aber die Marie Schiller lernte das Nähen so gut, dass sie später alles selbst nähte: Kinderkleider, Frauenkleider, Herrenhemden und Arbeitshosen. In einem Ausgabenbüchle aus dem Jahr 1929 las ich einmal den Eintrag: »Kleiderstöffle für Lydia 1 Mark«. Es war vielleicht das erste Kleidle, das sie mir nähte. Das Letzte nähte sie mir während des Zweiten Weltkriegs aus einem getragenen Kleid aus gutem messingfarbenem Wollstoff. »Du hast Mädchen und kannst nähen, mach denen etwas davon« – mit diesen Worten hatte eine Verwandte das Kleid meiner Mutter gebracht. Es war nach der Mode der Zwanzigerjahre mit langem Oberteil und kurzem Rock ausgestattet. Nun war es aus der Mode. Und die Mutter nähte mir daraus ein wunderschönes Kleid mit breitem Sattel und weitem angefasstem Rock. Dazu kam ein weißes Krägelchen mit einer Stickerei am Rand, die ich selbst aus Perlgarn ausführen durfte. Meine Klassenkameradinnen beneideten mich um meine Kleider. »Schon wieder ein neues Kleid!« war ihr neidvoller Kommentar. Aber ich greife schon wieder vor.

Nachdem die Marie die Grundlagen des Kleidernähens erlernt hatte, wurde sie »Pfarrmagd«. Die Pfarrfrau Elisabeth Weitbrecht wollte sie als Zimmermädchen für die feineren Arbeiten. Da sie aber kräftiger war als die anderen Dienstmädchen, so oblagen ihr auch bald die schweren Arbeiten im großen Pfarrhaus und im weiten Pfarrgarten. Das Einkommen eines Pfarrers war ja nicht so fürstlich, dass beliebig viel Dienstpersonal eingestellt werden konnte. So teilten sich die Mägde die Arbeiten unter sich. Nur zu den »großen Wäschen«, die im Frühjahr mehrere Tage in Anspruch nahmen, holte sich die Pfarrfrau Hilfe aus dem Dorf.

Em Vatter sei Verwandtschaft

Das Päule Stilz, die Freundin der Marie Schiller, war nach Stuttgart »ins Dienen« gegangen. Von ihrer Dienstherrschaft weiß ich nichts. Es darf vermutet werden, dass ihnen das Wohlergehen ihres Dienstmädchens wenig am Herzen lag. Sie schlief in einer kalten, zugigen Dachkammer. Im Sommer war es dort unerträglich heiß, im Winter blühten Eisblumen an Fenstern und Wänden. Aber das war nichts Besonderes. Bei den meisten herrschaftlichen Häusern waren die nicht beheizbaren Dienstbotenkammern ganz oben unter dem Dach untergebracht. Den Tag über waren die Mädchen ja in den Räumen der Dienstherrschaft ununterbrochen beschäftigt. Dort waren genügend Öfen zu beheizen. Im Übrigen hatten sie Bewegung und schafften sich warm. Am Abend schlüpften sie müde ins

Päule Stilz und Mariele Schiller, 1915.

Bett, da wurde ihnen schnell warm. Aber dass die Dienstherrschaft nicht merkte, dass das Päule im kalten Winter 1919 nicht von oben herunterkam, muss einem schon seltsam erscheinen. Als dann am dritten Tag jemand die Kammer des Mädchens betrat, lag es bewusstlos mit hohem Fieber im Bett. Das Päule kam dann ins Krankenhaus. Die Ärzte meinten, es sei die gefährliche Grippe, die in der Stadt grassierte. Wie viele andere Menschen starb das Päule im Winter 1919 im Krankenhaus in Stuttgart.

Die Angehörigen in Schnait erfuhren erst nach Tagen vom Tod des Mädchens. Waren es die Nachwehen des Krieges, das Trauma der Grippeepidemie oder hatten die Ärzte erst mühsam die Adresse der Eltern ermitteln müssen? Telefone gab es zwar, aber die Stilzens am Brunnenplatz hatten keines, und auch sonst war keins in Reichweite.

Neben dem Verlust der Tochter quälte die Angehörigen am meisten, dass sie so verlassen gestorben war. Die Mutter, unsere Ahne Katharine Stilz, rühmte, dass sie so geschickt und fleißig gewesen sei. Sie habe an einem Wintertag einen Socken gestrickt von der Stulpe bis zur Spitze, sauber, ohne Fehler, neben der Haus- und Stallarbeit. Auch der Bruder Adolf trauerte der älteren Schwester noch mit über 80 Jahren nach: »Sie war solch eine liebe, gute Schwester, so verständnisvoll, verlässlich und tüchtig.«

Mit der traurigen Geschichte vom Päule Stilz habe ich nun eine weitere Reihe für das »Pôtter der Ahnfrauen« aufzufädeln begonnen: Von der Familie meines Vaters weiß ich nicht allzu viel, auch der von meinem Bruder Gottfried aufgeschriebene Stammbaum weist viele Lücken auf.

Im Juni 1873 heiratete Johann David Mangold, Weingärtner in Schnait, Johanna Friederike Rühle aus Endersbach. Der Bräutigam war 69 Jahre alt, die Braut 29. Johann David war schon zweimal verheiratet gewesen. Beide Frauen waren verstorben, ohne Kinder zu hinterlassen. Unsere Mutter meinte einmal in Bezug auf die Johanna Friederike Rühle: »Das Mädchen muss schon arg verzweifelt gewesen sein, dass sie einen vierzig Jahre älteren Mann geheiratet hat.«

Als im Jahr nach der Hochzeit, am 26. März 1874, die kleine Katharine Friederike Mangold geboren wurde, war die Freude groß. Das Kind wuchs heran und ging mit der Pauline Gökeler, die weiter oben am Brunnenplatz wohnte, in die Schule. Die beiden waren bis an ihr Lebensende sehr gute Freundinnen.

Als die Katharine 14 Jahre alt war, starb ihr Vater und ließ Mutter und Tochter allein zurück. Sie hatten auch keine anderen Verwandten in Schnait, die helfen konnten. Es muss für die beiden ein sehr mühseliger Alltag gewesen sein. Aber darüber hat uns die Ahne nie etwas erzählt. Tatsache ist, dass das zarte, sensible, auf genaue, akkurate Arbeit angelegte Mädchen später mehrmals an Magengeschwüren mit Magendurchbruch operiert werden musste. Vermutlich wurde der Grundstein zu dem Magenleiden schon in früher Jugend gelegt.

Am 7. Mai 1895 heiratete Katharine Friederike Mangold den Johann David Stilz. Sie war damals erst 21 Jahre alt. Der Betrieb brauchte dringend eine männliche Kraft. Der Bräutigam war bei der Hochzeit 26 Jahre alt, ein tüchtiger Wengerter. Er war der jüngste Sohn einer großen Familie. Sein Vater Gottlieb Stilz war bei seiner Geburt 45 Jahre alt gewesen, seine Mutter Christiane geborene Hund 39.

Für die Katharine war es kein leichter Anfang. Ihr Mann David musste immer wieder zu den Soldaten nach Ulm. Er war ein begeisterter Soldat und geschätzt bei seinen Vorgesetzten. Ob er als Unteroffizier, als Ausbilder, bei seinen Rekruten ebenso geschätzt war, glaube ich nicht, aber welcher »Schleifer«, der Zwang ausübt und Strafdienste verhängt, ist schon geschätzt?

In den ersten Jahren ihrer Ehe hatte die Katharine noch die Hilfe ihrer Mutter, bis diese im Februar 1902 starb. Am 19. September 1899 kam der David Wilhelm Stilz im Haus am unteren Brunnenplatz auf die Welt. Im Jahr 1901 wurde das Päule geboren. 1903 kam der Sohn Adolf dazu, 1904 die Tochter Ernstine. Neben den Kindern hatte die Kathrée, wie Katharine genannt wurde, den Haushalt und den Stall zu besorgen. Zum Stall gehörten Kühe, ein Schwein und viele Hühner. Sie musste auch auf dem Feld, im Wengert mitarbeiten. Wer ihr bei alledem geholfen hat, weiß ich nicht. Vermutlich musste sie mit den »Frauenarbeiten« allein fertig werden, denn für eine Magd war kein Geld da. Die fünf Jahre ältere

Johann David Stilz.

Schwester des David, die Pauline Mathilde Stilz, war zwar unverheiratet, war aber die »Stütze« ihrer alternden Eltern und hatte mit diesen, dem landwirtschaftlichen Betrieb und gelegentlichen Dienstleistungen für die Pfarrfamilie genug zu tun. Die Pauline Mathilde war die Patentante (Dota) der vier Stilz-Kinder. Viel später wurde sie auch von uns, ihren Großneffen und -nichten »Dota Paulena« genannt.

Herbst in Lobenrot

Die Kinder brauchten auch einen Patenonkel, einen »Döte«, der nach alter Tradition mit dem andern Elternteil, in diesem Fall mit der Kathrée, verwandt sein sollte. Den fanden sie in Lobenrot auf dem Schurwald. Dieser Döte war zwar nicht blutsverwandt, aber seine Frau, die ich nur als »Base« kannte, muss eine Verwandte der Johanna Friederike Rühle gewesen sein. Damals wurden die weiblichen Verwandten mit »Base«, die männlichen mit »Vetter« angeredet. Onkel und Tante gab es nicht, aber den »Dotevetter«, den Mann der Dote, und die »Dötesbäs«, die Frau des Döte.

Der Döte der Stilz-Kinder hieß mit Nachnamen Rapp. Ein- oder zweimal im Jahr pilgerten wir mit unseren Eltern nach Lobenrot und besuchten die Rapps. Sie wohnten am Eingang des Weilers in einem niedrigen Haus unter einem riesengroßen Nussbaum. Ja, niedrig war das Haus, aber es muss doch genügend Platz gehabt haben für den Döte und die Dötesbäs. Dann hatte da noch der unverheiratete Sohn Wilhelm seine Stube, und der Sohn August mit seiner Frau und den Kindern hatte wohl eine Stube und eine Kammer. Zur Familie gehörte noch der große braune Hund Benno. Er gehörte dem Wilhelm und war zwar groß, aber sehr lieb, der erste Hund, vor dessen Zähnen ich mich nicht fürchtete, nur vor seinem lauten Gebell. Der Wilhelm muss ein paar Jahre älter gewesen sein als unser Vater, denn nach seiner Konfirmation schenkte sein Vater den Schulranzen des Sohnes seinem Patensohn Wilhelm. Der trug nun seine Schulbücher und seine Tafel nicht unter dem Arm wie seine Schulkameraden, sondern wohl verwahrt im Ranzen.

Lobenrot steht in meiner Erinnerung »unter dem Schatten des Todes«. Als wir, die Ahne, der Vater, der Martin und ich, an einem trüben Herbsttag in Lobenrot ankamen – unser Döte Adolf war mit dem Fahrrad gekommen –, war im Hause Rapp eine traurige, hastige Bewegung zu spüren. »Gut, dass ihr kommt!«, wurden wir begrüßt. »Der Vater ist gestorben.« Unsere Ahne, der Vater und der Döte standen erschüttert still. Die Ahne suchte nach ihrem Taschentuch und wischte sich damit übers Gesicht. War sie so ins Schwitzen gekommen auf dem steilen Weg? Dabei ging doch ein frischer Wind.

Die »Dötesbäs« hatte schon den Kaffee eingeschenkt, die junge Frau des August Hefekranz aufgeschnitten. Wir wurden eingeladen, Platz zu nehmen zum Kaffeetrinken. Die Erwachsenen wurden gefragt, ob sie den Toten noch einmal sehen wollten. Sie wollten gerne, und der Martin und ich auch. Fragend sah unser Vater den August an, ob wir mitgehen könnten. Traurig lächelnd sagte der: »Er sieht aus, als ob er schlafen würde, ganz friedlich, als ob er eben eingeschlafen wäre.«

Wir betraten die niedrige Kammer an der Hand der Ahne. Die junge Frau öffnete den Fensterladen, dass das letzte Tageslicht hereinfiel. Der Tote lag auf seinem Bett, die bläulichweißen Hände gefaltet auf der Brust. Der Kopf auf dem Kissen trug einen Verband, als ob der Mann Ohrenweh hätte. Das vom Bart freie Gesicht hatte dieselbe bläulich-weiße Farbe wie die Hände. Die Augen waren geschlossen. Um den Mund lag ein Lächeln, ganz leicht und selig. Es war wirklich ein friedlicher Anblick, und ich spürte eine andächtige Ruhe in mir. Der erste Tote, den ich jemals gesehen habe, nahm mir die Angst vor dem Knochengerüst mit den hohlen schwarzen Augen und dem überbreit grinsenden Mund.

Es war noch nicht ganz Nacht, als wir uns auf den Heimweg machten. Im Westen, unter den regenschwangeren Wolken, war noch ein heller Streif über dem Wald zu sehen. Der Vater und die Ahne führten den Martin und mich zwischen sich an den Händen. Der Döte schob sein Rad. Er wollte mit uns gehen, nicht vorausradeln. Der Wind, der böig hinter uns herbrauste, verfing sich im Rahmen des Fahrrades und erzeugte einen pfeifenden Ton, bald schrill, bald sanft und wehmütig, aber in immer gleicher Höhe. Leise sang der Vater vor sich hin:

»Der Pilger aus der Ferne
zieht seiner Heimat zu.
Dort leuchten seine Sterne,
dort find't er seine Ruh.
Sein Sehnen geht hinüber,
sein Liebstes liegt im Grab.
Die Blumen wachsen drüber,
die Blumen fallen ab.
Der von den Honigseimen
der Ewigkeit geschmeckt,
der Pilger ist daheime
nur, wenn das Grab ihn deckt.«

Da legte sich eine dunkle Schwermut auf mein Kinderherz, und die Erinnerung grub sich tief, tief ein. Ich ahnte, dass nicht der Tod selber schwer und dunkel ist, sondern das Weiterwandern »der Heimat zu«.

Später waren wir wieder einmal in Lobenrot. Diesmal war die Wohnstube umgeräumt. In der Ecke stand ein Bett, darin saß der August. Freudig begrüßte er uns. Er trug ein helles Hemd, und sein schmales Gesicht hatte schöne rote Backen. Ich verstand nicht, warum er im Bett sein musste. Er war doch so fröhlich, so munter und sah so frisch aus. Auf dem Heimweg fragte ich die Ahne. Sie seufzte und sagte: »Ja, das sind Kirchhofsrosen, die in seinem Gesicht blühen. Er hat Fieber.« Nun, Fieber hatten wir auch schon manchmal gehabt; dann musste man im Bett bleiben. Wenn man das tat und die Arznei einnahm, die einem die Schwester Sophie gebracht hatte, wurde man bald wieder gesund. Aber der August wurde nicht wieder gesund. Einige Zeit später gingen der Vater, der Döte und die Ahne zu seiner Beerdigung.

Dota Paulena

Sie hieß mit vollem Namen Pauline Mathilde Stilz. Auf ihren zweiten Namen war sie stolz und wäre lieber mit dem gerufen worden, aber als sie ein Veto gegen ihren Rufnamen einlegen konnte, hatte der sich schon unwiderruflich eingebürgert.

Fünf Jahre war sie älter als ihr jüngster Bruder, der Johann David Stilz. In meiner Erinnerung sitzt sie in ihrer geräumigen Stube im hintersten Winkel auf einem niedrigen weichen Sessel hinter dem Ofen. Wenn man zur Stubentür hereinkam (man klopfte bei Verwandten nie und nirgends an!), konnte man meinen, die Stube sei leer. Aber dann tauchte der Kopf der Dota Paulena hinter dem Ofen auf. Sie freute sich sehr, wenn sie uns sah und hörte. Mühsam erhob sie sich aus ihrem niedrigen Sessel, aber wenn sie einmal auf den Beinen war, bewegte sie sich flink, ohne Stock, in der Stube und im Haus umher. Sie ging zu ihrer Kommode und holte aus der obersten Schublade eine Handvoll Gutsle oder ein paar Zuckerle heraus und verteilte sie an uns Kinder. Die Gutsle schmeckten seltsam, so staubig, nach Mottenpulver. Die Zuckerle waren vom langen Liegen klebrig geworden. Aber uns Kindern schmeckte alles sehr gut und wir vergaßen auch nicht, von Herzen dafür »Danke« zu sagen.

Die Dota Paulena sparte alle Süßigkeiten, die sie selbst geschenkt bekam, für die Großneffen und Großnichten auf, und diese waren in Bezug auf Naschwerk nicht verwöhnt. Ein oder zwei Zuckerle im Laden, ein paar Wibele beim Konditor Linsenmaier, das waren willkommene Geschenke für uns. Man bekam sie beim Einkauf gratis »drein«.

Nicht dass wir zu Hause nichts Süßes bekommen hätten. Da waren die verschiedenen Weihnachtsgutsle und die gebackenen Hasen zu Ostern, dazu die wöchentlichen Süßspeisen, Kompott, Apfelbrei, Schnitz und Zwetschgen in einer süßen braunen Soße. Dazu gab es Grieß- oder Reisbrei, Waffeln, Dampfnudeln, Pfitzauf oder Kartäuserklöße. Im Sommer wurden große Gläser gefüllt mit Erdbeergsälz, Träublesgsälz oder -gelee, Brombeergsälz, Quittengsälz und -gelee. Von unreifen gefallenen Äpfeln wurde Apfelgelee gekocht. Wir hatten also eine ganze Palette von süßem Brotaufstrich. Aber die großen Gläser waren bald geleert, denn es mussten viele Brote gestrichen werden zu den Zwischenmahlzeiten. Da war das »Neunera«, die Zwischenmahlzeit um neun Uhr am Vormittag und dann das »Vesper« um vier Uhr am Nachmittag. Die Kinder bekamen dann ein Gsälzbrot, die Männer aßen Wurst oder Käse. Doch war diese Regelung nicht so streng, auch die Kinder kriegten manchmal ein Wurstbrot oder ein Käsbrot. Aber trotz der vielen guten Sachen waren die Gutsle und Zuckerle eine dankbar angenommene Gabe, die uns und der Geberin Freude machte.

Damit bin ich wieder bei der Dota Paulena, zu Besuch in ihrem Haus. Die geräumige Stube war sehr hell. Auf zwei Seiten hatte sie Fenster, nach Osten und nach Süden zu. Unter den Fenstern stand eine Eckbank, davor der rechteckige Tisch. Daran schloss sich die Kommode an, die in den unteren Schubladen Wäsche und Strümpfe barg. Diese Schubladen wurden in unserer Anwesenheit kaum aufgemacht. Bei den Strümpfen lagen wohl Mottenkugeln, deren penetranter Duft durch das Holz nach oben stieg. Dort hatte er sich, abgeschwächt zwar, doch merkbar dem Gebäck mitgeteilt.

In der dunklen Ecke, der Tür gegenüber, stand ein großes zweischläfriges Bett, vollgepackt mit Kissen und Decken, die mit einem Leintuch abgedeckt waren. Die Dota Paulena schlief in einem kleinen Kämmerlein mit einem einzigen Fenster der Straße zu. Entsprechend schmal war die Kammertür.

Neben der Wohnstubentür war zunächst freier Raum. Dann erhob sich der Ofen, das höchste »Möbelstück« in der Stube. Ein »Biffé« oder einen Schrank gab es nicht. Hinter diesem Ofen saß also die Dota Paulena. Schon ihr Vater soll dort seinen Platz gehabt haben, als er körperlich schwer und sein Kreuz und seine Beine steif geworden waren. Dort war auch der beste Platz, in der kalten Jahreszeit warm und im Sommer kühl. Aber um die Besucher zu erkennen, die mehr oder weniger laut die Stube betraten, musste die Dota Paulena den Kopf hinter dem Ofen vorstrecken. Und dann war sie flink auf den Beinen und begrüßte und bediente ihre Gäste. Sie musste schon ein Stück weit gehen, um in ihre Küche zu gelangen. Dort hatte sie ihr ganzes Geschirr aufbewahrt, ebenso das Brot. Das Besteck war in der »Tischlade«. Der Stubentisch hatte eine geräumige Schublade, in der nicht nur das Essbesteck Platz fand, sondern auch ein angefangenes Gsälzhäfele und bei manchen Familien der Brotlaib.

Doch schauen wir uns weiter um im Häusle der Dota Paulena. Von der Haustüre führte ein langer Gang vorbei an der Stubentür bis zur hinteren Tür, die in den Garten führte. Etwa auf halbem Weg ging links eine Türe ab in die kleine Küche. Rechts ging es in den Stall. An der Mauer, die die Küche von der Wohnstube trennte, war ein Wasserhahn installiert, der einzige im ganzen Haus. Unter dem Wasserhahn stand ständig ein Eimer auf einem Brett, das den Ablauf zudeckte. Dieser Abfluss mündete ins Güllenloch, in das sowohl der Abort als auch die »Lache« aus dem Stall flossen. Das Brett war als Schutz vor den üblen Gerüchen auf den

Auslauf gelegt. Ich kann mich nicht erinnern, dass es im Gang gestunken hätte.

Früher hatte im Stall Pfarrers Kuh gestanden, nachdem die Paulena ihre eigenen Kühe abgeschafft hatte. Sie versorgte die Kuh, fütterte und molk sie, machte Heu und streute ein. Die Milch, die von der Pfarrfamilie benötigt wurde, brachte sie jeden Morgen ins Pfarrhaus. Den Rest durfte sie für sich behalten, selber verbrauchen oder verkaufen. Allerdings war es zum Schluss sicher nicht mehr viel. Die Kuh war ja alt und hatte lange Jahre kein Kalb gehabt. So wurde sie schließlich abgeschafft.

Hinter dem Haus war ein großer abschüssiger Grasgarten. Darin grasten Hühner unter Zwetschgen-, Apfel- und Birnbäumen. Wie oft haben wir von diesen Bäumen Obst gegessen, Frühäpfel, Geißhirtle (Birnen) und Zwetschgen, die die Dota Paulena uns ins Haus brachte. Einmal stieß sie beim Mähen auf ein Nest voll mit »verlegten« Hühnereiern. Eine Henne wollte brüten und hatte über längere Zeit ihre Eier versteckt. Da war nun ganz ungewiss, wie alt die Eier waren. So backte die Dota Paulena aus den guten Eiern, Zucker und Mehl süße Gutsle und brachte sie uns. Die waren wirklich ofenfrisch und schmeckten nicht nach Kampfer und Staub, sondern nach Vanille und Anis.

Ja, die Dota Paulena hatte viel für uns übrig. Das ging wohl zum Teil darauf zurück, dass zu der Zeit, als die Paulena ihre Milch ins Pfarrhaus brachte und auch sonst allerlei Hilfsdienste verrichtete, die Marie Schiller dort als Dienstmädchen arbeitete. Später erzählte die Mutter uns von dieser Zeit.

Im Winter, wenn im einzeln stehenden Waschhäusle das Wasser abgestellt war, konnte viele Wochen lang nicht gewaschen werden. Die Betten wurden zwar regelmäßig neu bezogen, die

Leibwäsche wöchentlich gewechselt, aber alle Schmutzwäsche blieb liegen bis zum Frühjahr. Wenn es dann wärmer wurde, musste eine ganze Woche lang Wäsche gewaschen werden. Dabei waren neben den Dienstmädchen auch Wäscherinnen aus dem Dorf eingestellt worden, darunter auch die Pauline Stilz. Einmal wollte die Frau Pfarrer helfen, indem sie immer wieder Salmiakgeist in die Waschbrühe schüttete. Dass der Salmiakgeist nicht nur den Schmutz löst, sondern auch die aufgeweichten Hände der Wäscherinnen angreift, das wusste die Frau Pfarrer nicht. Doch die Wäscherinnen beklagten sich auch gar nicht darüber, das war eben Dienstbotenschicksal.

»Geh heim zu deinem Vater und hol Vorschuck«, schickte die Paulena die Marie ins Schloss. Der Schlossschiller hatte das Brennrecht und produzierte im Winter Schnaps. »Vorschuck« ist das erste Destillat des Schnapsbrennens und besonders stark. Ob er aber als wirksames Gegenmittel gegen Salmiakgeist wirklich tauglich war, das hat die Mutter nicht berichtet.

1926 hat Paulenas Patensohn Wilhelm die Schlossschillers Marie geheiratet. Dann sind nacheinander die Kinder gekommen, die von der Dota Paulena geliebt wurden, als ob es ihre Enkel wären. Und die Kinder erlaubten ihr, sie ohne Vorbehalt zu lieben. Weil unsere Mutter diese Zuneigung verstand, ging sie oft mit uns in das kleine Häusle zu Besuch. An einem trüben, kalten Sonntag war die Mutter mit uns, dem zweijährigen Martin und mir, drei Jahre alt, spazieren gewesen. Auf dem Heimweg besuchten wir die Dota Paulena. Auf einmal fühlte der Martin ein dringendes Bedürfnis: »Mutter, ich muss a Rolle! 's pressiert«, tat er kund. Die Dota Paulena lief und holte ein porzellanenes »Häfele« herbei, das für die Aufnahme dieses Geschäfts gemacht war. Aber der Martin sah, dass aus dem Rand ein Stück herausgeschlagen war. »Nein, auf dein ›broches Häfele‹ sitz ich nicht!«, erklärte er kategorisch, stülpte seine wollene Mütze auf den Kopf und rannte, was er nur konnte, den etwa 500 Meter langen Weg durchs Dorf bis zum Haus am Brunnenplatz. Die Mutter und ich kamen ihm kaum nach. Aber er hat es geschafft und daheim sein »Rolle« ins heile Häfele gemacht, wie es richtig war.

Der ganz besondere Liebling der Dota Paulena war unsere Schwester Marta. Wie oft kam sie damals, 1935 und 1936, ins Haus, nur um das kleine Mädchen zu sehen. Zärtlich trug sie das Kind auf den Armen umher. »Mein Magdele« war ihre liebevolle Anrede, die sie nur für das Martale verwandte.

In diesen Jahren muss es gewesen sein, dass der Martin und ich mit ihr zusammen ihre Rebenkrähle aus dem Weinberg holten. Wir zogen das Handwägele den Berg hinauf, luden mit ihr die Krähle (Bündel von abgeschnittenen Rebstöckchen, mit Weiden zusammengebunden und als Anzünd- und Brennholz verwendet) auf und fuhren wieder ins Tal, ins Dorf, zurück. Zu Hause luden wir mit der Dota Paulena die Krähle ab. Dann gab sie mir Geld. »Gehst zum Becken-Deiß und holst ein kleines Laible«, beauftragte sie mich. Ein kleines Laible war ein knuspriges Weißbrot, ein Pfund schwer mit köstlich flaumigem Innern. Ich holte das Gewünschte, und die Dota Paulena verwies uns auf die Eckbank hinter dem Tisch. Dann holte sie Stachelbeergsälz, ein Krügle mit Saft und ein scharfes Messer. Das Laible wurde aufgeschnitten und die Scheiben dick mit Stachelbeergsälz bestrichen. Noch nie hatten wir auf Weißbrot auch noch Gsälz bekommen, und das so dick! Wir aßen mit großer Lust, und vielleicht mit noch größerer Lust versorgte die Dota Paulena uns mit immer neuen Stücken Weißbrot mit Stachelbeergsälz. Als wir wirklich satt waren, war vom Laible nur noch ein kleines »Riebele« übrig. Das hat sich die Dota Paulena am nächsten Morgen wohl in den Kaffee getunkt zu ihrem Morgenessen.

Ja, für viele Arbeiten musste die alte Frau um Hilfe bitten. Meist waren die starken Arme der Männer gefordert. Zwar verzehrte ihre Kuh, die eigentlich dem Pfarrer gehört hatte, kein Gras oder Heu mehr, sondern war selbst verzehrt worden. Aber das Spritzen in den Weinbergen und andere schwere Arbeiten musste ein Mannsbild verrichten. Da waren selbst im Krieg die heroischen Wengertersweiber auf die älteren Männer angewiesen, die nicht eingezogen waren. Der Krieg jedoch war noch nicht ganz wach. Er brodelte noch leise in den Reden eines Herrn Hitler, der das ganze Volk zwang, ihm Heil zu wünschen, eines Herrn Göbbels und eines Herrn von Schirach, der die »Ertüchtigung der Jugend« ausposaunte. Nur wenige vernahmen das leise Brodeln und deuteten es. Unsere Dota Paulena war auch darunter. Doch jetzt war der ganze banale Alltag zu bewältigen, und der hieß, im Sommer jemanden zu finden, der ihr die Wengert spritzte. Wie leid tat sie mir, wenn sie kam und den Vater bat: »Wilhelm, könntest du mir nicht meine Wengert spritzen diese Woche?« Der Vater schlug es ihr nie ab, aber ich spürte, dass er nicht freudig, spontan zusagte. Hatte er doch seine eigenen Wengert zu versorgen, die Kirschen wollten geerntet werden, das Vieh brauchte Heu für den Winter. Und diese zögerliche Zusage ließ mich, das Kind, vermuten, dass er seiner Dota nur ungern half. Das weckte in mir ein tiefes Mitleid mit der Dota Paulena, das noch vertieft wurde durch eine Erzählung unserer Mutter.

Die Paulena hatte einen jungen Mann kennengelernt, einen Wengerter aus Stetten. Der hat sie heiraten wollen. Am Sonntag wollte er kommen und »ums Mädle fragen«. So war es Sitte. Eine Ehe, die ohne den Segen der Eltern geschlossen wurde, musste nach der Bibel unglücklich werden. Schließlich heißt es dort, Sirach 3,11: »Denn der Segen des Vaters baut den Kindern Häuser, aber der Mutter Fluch reißt sie nieder.«

In der Woche davor, Vater, Mutter und die Paulena waren im »Hauberg« im Hacken, da hat die Paulena davon angefangen: »Am Sonntag kommt der junge Mann aus Stetten und will euch fragen ...«

»Was, du willst heiraten und uns allein lassen? Aber wir brauchen dich doch! Mein Fluch soll dich treffen, wenn du gehst!«

Das ist zu viel gewesen für die Paulena. Sie hat ihren Karst (zweizinkige Hacke) weggeschmissen und ist die Furch hinabgesprungen. Aber sie ist nicht heimgegangen. Sie hat sich ausgeheult und ist dann wieder hinaufgegangen und hat weitergehackt.

Am Sonntag ist der junge Mann gekommen und hat seinen Antrag gemacht. »Nein, nein, das geht nicht! Wir brauchen die Paulena selber. Sie ist unsere Stütze für unser Alter.« Der junge Mann hat nicht lange verhandelt. Er hat seinen Hut genommen, hat wütend gerufen: »Dann behaltet doch eure Stütze!« und ist davongesprungen. Er hat dann später ein anderes Weib genommen. Ein paar Jahre später ist er an der Schwindsucht gestorben. Die Paulena ist dann ein wenig versöhnt gewesen mit der Entscheidung ihrer Eltern. Sie hat sie gepflegt bis zu ihrem Tod. Als ihre Mutter im Alter von 83 Jahren starb, war die Paulena 49 Jahre alt. Der Vater starb zwei Jahre später im Alter von 91 Jahren. Von da an hat sie allein gelebt, hat sich selbst versorgt und ihre ererbten Grundstücke, so gut es ging, in Schuss gehalten. Dabei ist sie wohl ein bissle wunderlich geworden.

Die Dota Paulena las keine Zeitung und hatte erst recht kein Radio. Aber hatte sie so etwas wie das »zweite Gesicht« in ihrer Einsamkeit? An einem Sonntagmorgen wurde ich zum Becken-Deiß geschickt, um ein Weißbrot zum Kaffee zu holen. Die Bäckerläden hatten am Sonntagmorgen ein paar Stunden geöffnet. Die Dota Paulena stand an der Straße vor ihrem Häusle, sichtlich verstört und aufgeregt. »Komm doch geschwind herein, ich muss dir was erzählen«, forderte sie mich auf. Dann fing sie gleich an zu berichten: »Da kommen sie mit Fliegern über die Burg herein. Der Himmel ist ganz schwarz von Fliegern. Und dann werfen sie Bomben und machen alles kaputt.« Ihre Erregung und ihre plastische, knappe Beschreibung ließen mein neunjähriges Herz erzittern. Waren doch in jener Zeit so viele Bedrohungen unserer kleinen Welt zu spüren, die ich nicht verstand. Beunruhigt erledigte ich meinen Einkauf. Zu Hause fragten die Eltern, wo ich so lange geblieben sei. Ich erzählte, wie die Dota Paulena mich aufgehalten hatte. Merkwürdigerweise entkräfteten die Eltern die bedrohliche Botschaft in keiner Weise, versuchten auch nicht, mich zu beruhigen. Die Mutter schaute den Vater an und flüsterte erschrocken: »Das muss ich der Paulena sagen, dass sie die Kinder nicht mit solchen Sachen belasten soll.«

Sie hat es auch nie wieder getan, sondern ihre Ängste und Schrecken allein ausgehalten. Sie hatte ja niemanden, bei dem sie sie hätte abladen können. Zum Glück hat sie die Schrecken der Bombennächte nicht mehr erleben müssen.

Der Dezember 1938 war schon vor Weihnachten sehr kalt. Es lag noch kaum Schnee, der die Saaten und die Reben geschützt hätte. An einem Morgen fiel einer Nachbarin der Paulena auf, dass der Laden am Kammerfenster des kleinen Häusles noch zu war zu einer Zeit, da er längst hätte offen sein sollen. Sie klopfte an die Haustür. Nichts regte sich. »Sie wird doch nicht krank sein?«, mutmaßte die Nachbarin und drückte kräftig gegen die Tür, die knarrend aufging. Die Stube war eiskalt, die Fenster mit dicken Eisblumen bedeckt. In der Kammer war es dunkel und ebenfalls eiskalt. Die Nachbarin stieß den Fensterladen auf. Da sah sie die Paulena in ihrem Bett. Ein Arm und ein Bein hingen unter der Bettdecke hervor und waren ganz kalt. Das Gesicht war verzerrt. Ein Auge war weit offen, aber ohne Blick, das andere Auge war geschlossen. »Ist sie tot?«, fragte sich die Nachbarin. Sie hob die kalten Glieder an und steckte sie unter die Decke. Da hörte sie ein leises Stöhnen. Nein, tot war die Paulena nicht. Vielleicht hatte sie einen Schlaganfall erlitten. Sorgfältig deckte die Nachbarin die Kranke zu. Dann ging sie heim und schickte ihre Tochter zur Krankenschwester ins Lützehaus, sie solle kommen und nach der Paulena sehen. Die läutete dann im Haus daneben und berichtete unserer Mutter, wie die Paulena gefunden worden war.

Als Schwester Sophie ins Haus der Paulena kam, hatte die Nachbarin im Ofen ein Feuer gemacht. Die Eisblumen an den Fenstern tauten und ließen ihre Tränen in die Rinnen unter den Fenstern fließen, von wo sie mit leisem Kullern in die Becherlein an der Wand rannen und das Knistern und Prasseln des Feuers im Ofen untermalten. Zusammen mit der Nachbarin bettete die Schwester Sophie die Kranke aus ihrer kalten Kammer herüber in das angewärmte breite Bett in der Ecke der Wohnstube. Sie schien zu schlafen. Ihr Atem ging schwer. Inzwischen war auch unsere Mutter angekommen und wollte sehen, wie es der Dota Paulena ginge. Außer im Ofen Brikett nachlegen und der Kranken über die Hände streicheln konnte sie nichts tun. Noch immer war die Paulena ja von tiefer Bewusstlosigkeit umfangen.

Die Schwester Sophie kam dreimal am Tag, und von der Verwandtschaft war Tag und Nacht jemand anwesend. Auch die Mutter wollte Nachtwache halten, aber die Schwester Sophie erhob energisch Einspruch: »Sie bleiben daheim bei Ihren Kindern. Es ist aller Ehren wert, wenn Sie bei Tag ab und zu hereinschauen.« Unsere Jüngste, die Annemarie, war gerade neun Monate alt, die Marta drei Jahre und die Lisbeth fünf.

Die Marta und die Lisbeth gingen ins Kinderschüle, der Gottfried, der Martin und ich mussten am Morgen in die Schule gerichtet werden. Dann hatte die Mutter ein paar Stunden Zeit, nach der Dota Paulena zu sehen. So geschah es, dass sie den versöhnlichen und somit erlösenden Augenblick im Leben der Paulena miterleben durfte.

Paulenas Schwester Rosine (Rosée) war fünf Jahre älter als die Paulena. Sie war verheiratet und hatte Kinder. Seit langen Jahren hatten die beiden Schwestern kein Wort miteinander gesprochen. Obwohl sie nicht weit auseinander »hausten«, waren sie sich geflissentlich aus dem Weg gegangen. Wer die Verbindung so rigoros abgeschnitten hatte und was der Grund dafür war, wusste vielleicht die Mutter, aber sie sagte es uns nicht. War der Grund der Schwager, den die Paulena nicht mochte? Waren es Erbangelegenheiten? Oder war es Eifersucht? Unsere Mutter hat die Paulena immer wieder zur Versöhnung ermuntert, aber diese hat nicht über ihren Schatten springen können.

Nun kam an einem Vormittag die Rosée in die Stube der Paulena. Sie blieb an der Tür stehen und schaute herüber zum Bett der Schwester. Diese muss sie wahrgenommen haben, ihr rechtes Auge öffnete sich. Da trat die Rosée ans Bett heran. Die Paulena hob ein wenig den Kopf und sagte mit großer Anstrengung: »Komm!« Die Rosée ergriff die zuckende Hand der Schwester mit warmem Druck. Sie hatte dabei Tränen in den Augen.

Die nächste Nachricht, die die Mutter heimbrachte, war, dass die Dota Paulena immer schwerer Atem hole. Am Abend saß die Mutter auf meinem Bett, oben im Stüble, wo wir drei Großen unsere Betten hatten. Wir beteten um ein gnädiges Ende für die Dota Paulena und sangen: »Ach Herr, lass dein lieb Engelein am letzten End die Seele mein in Abrahams Schoß tragen ...« Plötzlich zuckte die Mutter zusammen. »Was ist denn, Mutter?«, fragte ich. Sie schüttelte sich kurz, dann sagte sie leise: »Ich hab gerade gemeint, die Dota Paulena habe zu uns hereingeschaut.« Ein Schauer lief mir über den Rücken. Am nächsten Tag erfuhren wir, dass die Dota Paulena gestern Abend gestorben sei.

Die Beerdigung war am Sonntag, am dritten Advent. Es war ein bitterkalter Wintertag. Die Leichen wurden in den Häusern aufgebahrt, meist im Schlafzimmer. Die Trauergäste versammelten sich noch einmal um den Sarg zur Aussegnung. Ein Angehöriger oder ein Freund las einen kurzen Text aus der Bibel, die Trauergäste sangen ein paar Liederverse. Dann deckte der Totengräber den Deckel des Sargs über die Leiche und schraubte ihn fest. Die sechs Leichenträger hoben den Sarg auf und trugen ihn vors Haus. Dort standen schon die Posaunenbläser und spielten das Beerdigungslied: »Wohlauf, wohlan zum letzten Gang. Kurz ist der Weg, die Ruh ist lang ...« Danach hoben die sechs Träger den Sarg auf ihre Schultern und trugen ihn hinaus auf die Straße. Voraus ging der Pfarrer mit einem komischen Hut auf dem Kopf. Das sei ein Barett, wurde ich unterrichtet. Hinter dem Sarg gingen zuerst die Frauen, geordnet nach der Nähe der Verwandtschaft, dann die Männer. War ein Mann gestorben, folgten die Männer als Erste hinter dem Sarg. Von dem kleinen Häusle bis zur Post, wo der steile Anstieg zum Kirchhof, das »Hagenbüchle«, begann. war es nur ein kurzer Weg. Dort wurde der Sarg wieder abgesetzt, damit die Träger verschnaufen und sich für den steilen Anstieg neu formieren konnten. Normalerweise spielten die Posaunen einen Vers, aber diesmal konnten sie nicht blasen. Schon auf der kurzen Strecke waren die Posaunen eingefroren. Auf dem Kirchhof machte der Pfarrer die Feier so kurz wie möglich. Aber selbst in der kurzen Zeit gefror einem Neffen der Dota Paulena über seinem vornehmen

Pelzkragen ein Rotz an seiner Nase fest. Der kleinen Helene, unserem Bäsle, waren trotz ihrer warmen Stiefelchen fast die Füßchen eingefroren. Das Aufwärmen in der warmen Stube war so schmerzhaft, dass sie laut schrie und sich heftig gegen die massierenden, wärmenden Hände wehrte.

Der »Leichentrunk« war im Gasthaus Ochsen, im oberen, kleinen Saal angerichtet, nicht in der Gaststube. So war die Trauergesellschaft unter sich. Alle Verwandten waren dazu eingeladen, dazu auch die Nachbarn. Es gab Kaffee und Hefekranz, dicke Schnitten mit Zibeben drin und Mandeln und Zucker drauf. Gegen Abend gab es Käse- und Wurstplatten mit Brot, Wein für die Erwachsenen und Saft für uns Kinder. Zuerst erzählten sich die Erwachsenen von der Dota Paulena, dann von ihren eigenen Angelegenheiten. Man kam ja so eng zusammen »nur wenn jemand stirbt«. Wir Kinder waren zuerst recht lieb und genossen Speise und Trank. Dann wurden auch wir gelöster. Hunger und Kälte waren vergessen. Aber Spielen und Toben, bei einer »Leich« und dazu noch am Sonntag, unter den Augen der Erwachsenen, das war nicht denkbar. Doch alles in allem konnte man meinen, dass man auf einer Hochzeit sei. Aus dieser Stimmung heraus versprach sich ein paar Tage später unsere Mutter und sagte: »An der Paulena ihrer Hochzeit …«

Damit, so meine ich, ist das vielgliedrige »Pôtter der Ahnfrauen« zusammengefasst mit einem kleinen silbrigen Schloss.

Die Welt der Ahnfrauen einst und heute: ein Spaziergang durch Schnait

»Schnait liegt in einem linken Seitental der Rems, zwischen Weinbergen und Waldbergen des Schurwalds.«

Das ist der Merksatz, den der Lehrer uns Zweitklässlern eingedrillt hat, sodass er mir noch achtzig Jahre später im Gedächtnis ist.

In diesem Seitental der Rems, dem Schweizerbachtal, spielte sich das Leben aller im Buch genannten Ahnen ab. Die Johanna Friederike Mangold geborene Rühle war zwar in Endersbach aufgewachsen, aber ihr Leben erfüllte sich in Schnait. Einige Angehörige reisten aus, für lange Zeit und weit fort, so wie der Michelvetter nach Amerika, oder für relativ kurze Zeit, aber bis zum Rand des Todes, wie die Männer im Ersten Weltkrieg. Nur eine Person kam nicht mehr lebend zurück, das Päule Stilz. Sie verstarb im Winter 1919 an der Spanischen Grippe in Stuttgart.

1238 wird »snait« zum ersten Mal urkundlich erwähnt. Besiedelt war aber die Schneise im Wald sowie die Höhen des Schurwalds schon früher (seit, snait = Schneise im Wald). Die Weinberge und Waldberge des Schurwalds prägten die Menschen, so wie auch die Menschen die Landschaft prägten, und das nachweisbar schon seit der Steinzeit.

Auf der Weinbergseite, über dem engen Schweizerbachtal, erhebt sich ein Bodendenkmal, der »Beileschtoa« (Beilenstein). Den Namen bekam der große Stein und die umgebenden Flurstücke vom Bewuchs: Es sollen dort drei Waldstücke so zusammengewachsen sein, dass sie die Form eines Beils bildeten. Alte Sagen berichten, dass der »Beileschtoa« eine keltische Kultstätte gewesen sei, auf der Tier- und sogar Menschenopfer dargebracht wurden. Belege dafür konnte ich allerdings nirgends finden. Eine andere Sage berichtet: Wenn der »Beileschtoa«, auch Vesperstein genannt, das Mittagsläuten höre, drehe er sich um 360 Grad. Niemand hat das je gesehen, nicht weil die Leute um zwölf Uhr beim Mittagessen waren, sondern weil der Stein das Läuten gar nicht hören kann. Aber deutet die Sage nicht an, dass die heidnische Kultstätte den Klang der christlichen Glocke so widerwärtig empfand, dass sie sich in ihren Grundfesten umdrehen musste?

Sicher ist, dass dort steinzeitliche Funde, Siedlungsreste und Steinwerkzeuge, gefunden wurden. Mein jüngster Bruder erzählte mir, dass er selbst ein kleines Steinmesserle dort gefunden habe. Er habe es dem Lehrer gebracht, der es mit großem Interesse an sich nahm. Seitdem sei es für ihn verschwunden.

Sicher ist auch, dass diese alte Kultstätte das Gelände prägte, aber weit weniger nachhaltig als der Schweizerbach. Der kommt aus dem »Schlössleswald« oberhalb von Baach, gespeist von verschiedenen Quellen. Er führt ein helles, munteres Wasser, das schon bald nach seinem Erscheinen die Baacher Mühle antrieb. Heute mahlt oder sägt am Schweizerbach keine Mühle mehr, aber das frische Wasser ist bevölkert von Forellen, die die Baacher Wirte für ihre Gäste lecker zubereiten.

Allerdings ist das Wasser häufig kakaofarben. Wenn der Schnee in den Weinbergen und Wäldern taut, oder wenn im Sommer ein Gewitter niedergeht, schwemmt das Wasser die rotbraune Erde von den Hängen ins Bachbett und weiter bis in die Rems. Dann trat in Zeiten vor der Regulierung des Schweizerbachs das Wasser über das Ufer und überschwemmte die Äcker und Wiesen zu beiden Seiten des Bachbetts.

Bei drohendem Gewitter eilten die Müller zu ihren Wehren und schlossen die hölzernen Fallen, damit das Innere der Mühlen nicht unter Wasser gesetzt wurde. Das Wasser floss dann nicht mehr über den Mühlkanal, sondern den »alten Bach na«. Seit der Regulierung und Tieferlegung des Bachs sowie dem Bau der Rückhaltebecken geschieht es nur noch nach schweren Gewittern, dass »dr Bach rauskommt«.

Etwa vier Kilometer abwärts von Baach stand die Schnaiter Mühle, eine Getreide- und Sägemühle. Seit 1724 ließen die Schnaiter und Aichelberger hier ihr Getreide mahlen, das sie

Schnaiter Mühle.

im engen Tal, auf den Höhen des Schurwalds und auf den schmalen »Gaiern« der Weinberge anbauten. Die Säcke von und nach Aichelberg wurden von Eseln die steile, steinige Straße hinter der Mühle hinauf- und herabgetragen. Daher bekam sie den Namen »Eselstraße«.

Von Zeit zu Zeit wurden einzelne Teile der Weinberge »g'ritta« (gerodet). Die »Gaiern« lagen drei oder vier Jahre brach, ehe sie wieder mit Reben ausgelegt wurden. In dieser Zeit konnte sich der Boden erholen und Schädlinge, wie zum Beispiel die Reblaus, absterben. Aber ganz brachliegen konnte man den Boden nicht lassen, man brauchte den Ertrag für die Familie und das Vieh. Deshalb wurde in der Zeit der Brache Weizen, Gerste, Dinkel, Klee und andere Leguminosen angebaut und der Boden gut gedüngt mit Kuhmist. Eine alte Redensart besagt ja: »Dô hilft älles Beta nix, dô mueß Mischt na!«

Die dritte Mühle am Schweizerbach lag noch etwa drei Kilometer weiter unten am Eingang von Beutelsbach. Unser Vater hat während des Zweiten Weltkriegs regelmäßig dort mahlen lassen. Früher herrschten starke Spannungen zwischen den beiden Gemeinden. Es handelte sich um Markungsgrenzen- und Besitzstreitigkeiten, und beim Geld hört ja bekanntlich die Freundschaft auf. Bis in meine Kinderzeit wirkten sich diese Rivalitäten aus. Wenn wir zu Fuß aufs Bahnhöfle wollten, gingen wir meist »hinten rum«, den Weg am Fuß der Weinberge. Auf der Straße lauerten oft »böse Buben«, die ganz kräftig zuschlugen oder zumindest drohten. Eine Heirat zwischen Schnaitern und Beutelsbachern wurde damals kaum geschlossen. Die Verbindung zwischen den kirchlichen Kreisen jedoch war sehr herzlich.

Nun versetze ich mich in die Zeit der Ahnen und stelle mir vor, dass ich auf der Straße von Beutelsbach herkomme. Das

Der ehemalige Schafstall.

erste Haus links ist ein langes, breites, niedriges Gebäude. Seine Giebelseite zeigt zu mir her, die rechte Dachseite mit breiten Türen gegen den weiten Hof. Es ist der Schafstall des Schafhalters Öttinger, den er 1832 erbauen ließ.

Heute ist der große Schafstall umgebaut und mit Wohnungen ausgestattet. An der Giebelseite schmückt ein großer Traubenstock, eine »Kamerza«, das Fachwerk. An Schafhaltung erinnert heute nichts mehr. In meiner Kindheit aber sprach unsere Schlossahne anstatt von Öttingers von »'s Schäfers«.

Nachdem ich den Schafstall hinter mir gelassen habe, bin ich auf der steilen Straße, die vor 1975 einfach »'s Schloss« geheißen hat. Dort erheben sich rechts, auf halber Höhe, zwei stattliche Häuser, das Alte Schloss und das Neue Schloss.

Das Alte Schloss wurde nach 1560, das Neue Schloss etwa hundert Jahre später durch die Herren von Gaisberg erbaut. Die Gaisberger verarmten im Laufe der Zeit und verkauften ihre Häuser samt »Gerechtigkeiten« (Brennrecht und andere) sowie ihre Grundstücke (Güetla) an wohlhabende Schnaiter Wengerter.

Das Alte Schloss, zu meiner Kinderzeit im Besitz der Familie Vaihinger, gehört jetzt der Familie Wöllhaf, die es sehr schön renoviert hat.

Das Neue Schloss war bis Ende des 20. Jahrhunderts immer im Besitz verschiedener Familien. In meiner Jugendzeit gehörte es den Ellwangers und den Schillers. Dann kaufte der Schlossschillers Christof den Ellwangerteil von den damaligen Besitzern. Die alten Ellwanger waren gestorben, die jungen hatten sich neue, moderne Häuser gebaut und waren dahin umgezogen. Der Christof ließ das ganze Gebäude aufwendig renovieren und in einzelne schöne Wohnungen aufteilen.

Auf meinem imaginären Gang durch Schnait gehe ich jetzt über den Schlosshof zwischen dem Alten und dem Neuen Schloss durch. Dort steht links das »Burgermeisterhaus«. Es ist niedriger als die beiden Schlösser, einfacher, eben bürgerlich, nicht herrschaftlich. Ich vermute, dass es von dem obersten Bediensteten der Schlossherren bewohnt wurde, dem »Burgermeister«.

Rechts geht ein schmaler Weg durch ein enges, hohes Tor hinaus in den großen Grasgarten, das Ende des unmittelbaren Schlossgebiets.

Ich gehe zurück zur Straße und weiter »'s Schloss« hinauf, bis links ein Sträßle steil hinabführt in den »Kostobel«. Dort unten war vor langer Zeit jener Brunnen, von dem die Urahne Wasser holen wollte, als sie im Traum vom Tod verfolgt wurde.

Schenkenbau (links im Bild) und Schenkenkelter.

Der »Bau« oder das »Schenkenhaus« wurde vermutlich vor 1420 errichtet. Wann die Schenken von Limburg (auch Limpurg) das Schenkenhaus verkauft haben, konnte ich nicht ermitteln. Jedenfalls habe ich als kleines Mädchen oft die »Schwertabäs«, den »Wilhelmvetter« und die »Mathildebäs« im »Bau« besucht und war bei den Verwandten sehr willkommen. Die Schwertabäs hatte für kleine Besucherinnen eine »Lompadocka«, eine Puppe aus Stoff, unter ihrem großen Bett bereit. Der Wilhelmvetter holte uns an Winterabenden »Hurgelesbiera« aus seinem Keller. Ich habe diese kleinen, süßen Birnen seither nie wieder gegessen.

Im Jahr 1974 ist das Gewölbe dieses großen Kellers eingestürzt. Daraufhin wurde das ganze Gebäude abgerissen und mit dem Schutt der Keller aufgefüllt. Heute stehen mehrere Wohnhäuser an der Stelle.

Dunkel erinnere ich mich, dass wir Kinder bei Besuchen im »Bau« auf den »Setzesteinen« (Steine, auf denen die Traubenzuber gelagert wurden) herumgehopst sind. Die Erwachsenen hatten uns wohl an die frische Luft geschickt, damit sie sich ungestört unterhalten konnten.

Die Steine gehörten zur »Schenkelkelter«, die 1935 abgebrochen wurde, als die neue Kelter in der Nähe des Schweizerbachs in Betrieb genommen worden war. Noch ein Wort zum volkstümlichen Namen »Schenkelkelter«. In Gedanken an die harten, knorrig verwachsenen Rebschenkel passt der Name recht gut, aber die Tatsache, dass die Kelter von den Schenken von Limburg erbaut worden war, eröffnet einen neuen Aspekt.

Gehen wir in Gedanken zurück zur Silcherstraße, die damals einfach »'s Dorf« hieß. Nach ein paar Metern stand rechts, abseits der Straße, ein kleines Häusle, das unser Urehle Stilz mit seiner großen Familie bewohnte und in dem die Dota Paulena 1938 verstarb. Danach wurde es abgerissen und machte einer großen Halle Platz, in der heute landwirtschaftliche Geräte stehen.

Gasthaus zum Hirsch.

Gasthaus zur Post.

Nach ein paar Metern steht links das Gasthaus zum Hirsch, das schon 1731 bekannt war. Der Hirsch bot Handwerksburschen und Fuhrleuten Unterkunft. In der Zwischenzeit wurde das Gasthaus stark umgebaut.

Das nächste Haus ist das Gasthaus zur Post. Ob die älteren Ahnen das Gasthaus als solches gekannt haben, ist sehr unwahrscheinlich. 1869 erhielt Schnait eine »Postablage«, die zweimal täglich von Endersbach aus angefahren wurde. Ob die Postablage im Privathaus des Posthalters war, ist in der Literatur nicht erwähnt. 1874 übernahm Friedrich Schwegler die Posthalterei. Gleichzeitig betrieb er die Wirtschaft neben der Kirche, die zunächst »Zum Schwegler« hieß. Ob die Posthalterei direkt mit dem Erwerb der Wirtschaft dort eingerichtet wurde, bleibt wiederum unerwähnt, läge aber nahe (nach Auskunft von Herrn Dr. Breyvogel, Stadtarchiv Weinstadt).

Nach privaten Berichten war es der »Bott«, der mit seinen Pferden die Botenfahrten ausführte. Ob er aber nur Post übernahm oder vorwiegend Expressgut von der Bahn transportierte, wusste die Informantin nicht.

Nun gehe ich das Hagenbüchle hinauf, eine steile Straße, die zum Kirchhof führt und weiter den Weinbergen zu. Bei der Beerdigung der Dota Paulena waren am Anfang der Steigung, bei der Post, die Posaunen eingefroren und konnten nicht mehr gespielt werden. Mein Ziel ist aber jetzt nicht der Kirchhof, sondern das Obere Schloss der Gaisberger, heute »Schafhaus« genannt.

Wie oft habe ich dort meine Schulfreundin Elfriede Bischoff besucht, bin das weite, kühle Treppenhaus mit den ausgetretenen Stufen hinaufgestiegen und habe den fruchtig-säuerlichen Duft eingeatmet, der aus den Tiefen des Weinkellers

Das Obere Schloss, »Schafhaus«.

Wilhelm und Gottfried Gökeler vor dem »Schafhaus«.

hochdrang. Oben ging es nach rechts zu den Zimmerles, nach links zur Wohnung der Familie Bischoff.

Das 1609 erbaute »Schafhaus« wurde 1798 von dem Schafhalter Jakob Öttinger gekauft. Ehe er den »Schafstall« an der heutigen Lützestraße erbauen ließ, hielt er im großen Stall des Oberen Schlosses seine Tiere. Ein großes hölzernes Tor ist noch ein äußeres Zeichen für die einstige Tierhaltung. Wie das Neue Schloss und der »Schenkenbau« war auch das »Schafhaus« von zwei Familien bewohnt. 1994 wurde es »wiedervereinigt«: Die Erbengemeinschaft Bischoff-Zimmerle verkaufte es, und die jetzigen Besitzer bemühen sich sehr, das historische Gebäude so zu erhalten, wie es einmal gewesen ist.

In Gedanken gehe ich das Hagenbüchle wieder hinunter. Linker Hand erhebt sich der Kirchturm mit seinen beiden Wetterfahnen. Unter dem vierseitigen Dach zeigen Kirchenuhren die Zeit an. Das Schlagen der Stunden und das Läuten der Glocken hallt durch die Schallfenster über das ganze Dorf hinweg. Der Turm ist nicht sehr hoch. Seit alten Tagen werden die Schnaiter verspottet, sie hätten deshalb einen solch niedrigen Kirchturm, weil ihnen das »Gschäft« im Wengert über ihre Kirche gegangen sei. Im Frühjahr nämlich, als der »Hacket« ausgebrochen sei, hätten sie den unfertigen Turm nur schnell zugedeckt, und dabei sei es geblieben. Tatsächlich wurden immer wieder Pläne gemacht, den Turm weiterzubauen, aber stets kam etwas dazwischen. So haben wir bis heute unseren »gschtompeta« Turm und sind sogar stolz darauf, weil er etwas Besonderes ist.

Die Schnaiter Kirche.

Auch in der Kirche gibt es viele Besonderheiten. Doch ehe wir die Kirche von innen besichtigen, schauen wir noch weiter zurück in die Zeit. Vermutlich stand hier schon vor 1500 eine Kapelle, in der bereits 1534 evangelisch gepredigt wurde. Sie war »unserer lieben Frauen« und »Sankt Wendelin«, dem Schutzpatron der Hirten und Bauern, geweiht. Bei uns durfte er sich auch um die Wengerter kümmern.

Diese Kapelle wurde irgendwann zu klein. Die Schnaiter planten, zusammen mit der Obrigkeit, einen Neubau und sparten und spendeten dafür. Aber immer wieder konnten die Planungen nicht verwirklicht werden, weil Missernten durch Frühjahrsfröste und Hagelschlag im Sommer das Ersparte aufzehrten.

Endlich, 1747, unter Herzog Eberhard Ludwig, wurde die Kapelle zum größten Teil abgerissen. Der gotische Chor blieb stehen und besteht heute noch fort in der Sakristei und im Sockel des Turms. Beim Neubau war auch der Schnaiter Zimmermann Peter Häußele, ein Ahnherr der Barbara Häußele, beschäftigt.

Die neue Kirche wurde als Predigtsaalkirche erbaut und konnte im Oktober 1748 eingeweiht werden. Der Herzog verfügte, dass dieser Einweihung »durch Beten und Lob Gottes Genüge getan« und von üppigen Festlichkeiten Abstand gehalten werden solle. Vielleicht war deshalb schon kurz nach der Einweihung der ganze Bau bezahlt.

Die größte Kostbarkeit haben Ulrich von Gaisberg und seine Gemahlin Katharina der Schnaiter Kirche gestiftet, den Hochaltar von 1497. Diese Jahreszahl steht unter den fast lebensgroßen Heiligenfiguren. Links steht Johannes der Täufer mit dem Lämmlein. Seine Rechte weist auf die Gestalt der Maria, genauer auf das Jesuskind. Die dazwischen stehende heilige Katharina streckt ihre Rechte dem Jesuskind entgegen, das ihr einen Ring ansteckt. Ihre Linke hält, kaum sichtbar zwischen den Falten ihres Mantels, das Schwert des Martyriums. Die Mutter Maria steht auf der Mondsichel. Das Kind sitzt auf ihrer linken Hand, die rechte umfasst stützend die Mitte des Kindes. Die heilige Barbara hält in der linken Hand einen goldenen Kelch, die rechte hat sie zum Schwur erhoben. Am rechten Rand des Schreins steht der heilige Wendelin. Er hält mit beiden Händen eine schwere Keule, die braucht er zur Verteidigung seiner Herde, vielleicht auch seiner Äcker.

Außer den beiden Stiftern, dem Herrn Ulrich und seiner Frau, waren vermutlich auch Schnaiter Wengerter an der Stiftung beteiligt. Sie sind nicht mit Namen genannt, aber zwischen den Ziffern der Jahreszahl 1497 sind die »Hôpa« (Winzermesser), eine Felghaue und eine Schaufel dargestellt. Auch die Schnitzer haben keine Signatur hinterlassen. Vergleiche mit anderen Altären erlauben die Zuordnung zur Ulmer Schule.

Den Schnaitern war wohl ihre Kirche noch zu kahl. Die Empore bot Raum für viele Bilder, die das Wort Gottes untermalen sollten im buchstäblichen Sinn. So bekam 1761 der »Flachmaler« Joseph Wagner aus Alfdorf den Auftrag, biblische Szenen auf die drei Seiten der Empore zu malen. In einfacher, bodenständiger Weise führte er durch das Alte und Neue Testament. Er zeigt Adam im Garten Eden, wie er den Kreaturen ihre Namen gibt. Dabei ist Adam, die »Krone der Schöpfung«, mehr als doppelt so groß dargestellt wie Pferd oder Elefant. Die alttestamentlichen Darstellungen gehen bis zur Einweihung des salomonischen Tempels.

Das Neue Testament beginnt mit der Verkündigung der Geburt Jesu an Maria und führt durch das Leben Jesu bis zur Himmelfahrt. Unsere Ahnen konnten noch mehr Bilder bewundern und deuten als wir heute. 1933 wurden bei der Erneuerung der Kirche fünf Bilder aussortiert. Wo sie geblieben sind, ist nicht bekannt.

Inneres der Kirche: Blick auf Hochaltar, Orgel und Kanzel.

Außer der Empore hat Joseph Wagner die drei freien Seiten der Kanzel bemalt. Vorne steht Jesus, die Rechte lehrend erhoben. Zu beiden Seiten sind die vier Evangelisten abgebildet mit ihren Emblemen: Lukas mit dem Stier, Johannes mit dem Adler, Markus mit dem Löwen und Matthäus mit dem Engel. Das Altarkreuz vor der Kanzel indessen wird der Ulmer Schuler zugerechnet.

Joseph Wagner hat außer der Empore und der Kanzel die Kassettendecke mit leichten, fröhlichen Blütenranken geschmückt, die aber heute übermalt sind. Ich erinnere mich noch, dass diese Blütenranken mein vierjähriges Herz in den Himmel schweben ließen und das Plappermäulchen zum Verstummen brachten, wenn die Mutter mich am Sonntagmorgen mit in die Kirche nahm.

An den Wänden der Kirche stehen verschiedene Epitaphe der Herren und Frauen von Gaisberg. Einige dieser reich geschmückten Steine sind beim Neubau der Kirche verlorengegangen. Vielleicht sind sie in Schnaiter Häuser eingebaut worden; andere wurden zerkleinert und Teil der Wengertmäuerle. Diejenigen, die sich in der Kirche befinden, geben neben den Lebensdaten der Verstorbenen eine starke Hoffnung auf das ewige Leben zu erkennen.

Von den Glocken, die heute vom Kirchturm »des Lebens wechselvolles Spiel« begleiten, haben unsere Ahnen nur eine, die »Betglocke« von 1521 gehört und sind ihrem Ruf gefolgt. Sie hing schon auf dem Turm der Kapelle und ertönte zum Morgen- und zum Abendgebet, um elf Uhr und zum Vesper, winters um drei und sommers um vier Uhr nachmittags. Wenn es »uff em Märga« (Ave Maria) läutete, mussten die Kinder schnell heimrennen, sonst holte sie der »Nachtkrapp« oder das »Dobelsäule«. Niemand hat diese finsteren Unholde je gesehen, doch hatten alle kleinen Kinder eine Heidenangst vor ihnen, bis sie die leere Drohung durchschauten.

Die anderen drei Glocken wurden 1950 aufgehängt als Ersatz für diejenigen, die in den beiden Weltkriegen eingegossen worden waren. Auf blumengeschmückten Wagen waren die Glocken hergefahren worden, nicht von Kühen, sondern von Traktoren gezogen. Auf dem Wagen standen also das kleine Taufglöckle mit der Inschrift: »Freuet euch, dass eure Namen im Himmel geschrieben sind«, die mittlere Glocke mit der Inschrift: »Kommt, denn es ist alles bereit.« Sie wird um zwölf Uhr mittags geläutet und ist diejenige, die den Beilenstein sich drehen lässt, wenn er den Klang je hört. Ihre Vorgängerin war die »Türkenglocke«. Die größte Glocke ist die Totenglocke mit der Inschrift: »Jesus Christus, gestern und heute, und derselbe auch in Ewigkeit«. Für diese große Glocke musste ein Fenster vergrößert werden, damit sie ihren Platz im Turm finden konnte. Während dieser Arbeiten blieb sie auf dem Wagen und konnte so von den Schnaitern von Nahem bewundert werden.

Die neuen Glocken kommen.

Die Kirche mit der Schule, dem Rathaus und dem Pfarrhaus waren das Zentrum, wenn auch nicht die Keimzelle des alten Schnait. Der erste »Hof« lag vielleicht beim Hirsch, hundert Meter nordwestlich, aber auch das ist nicht endgültig bestätigt.

Die hoch neben der Kirche gelegene Schule wurde bis zum Jahr 1908 von unseren Vorfahren besucht. Sie ist inzwischen berühmt als Geburtshaus des »Deutschen Volksliedmeisters« Friedrich Silcher. Er wurde hier am 27. Juni 1789 über den Schulräumen geboren. Bei seinen Altersgenossen war er bekannt, wie eben ein Lehrersbub bekannt ist, der mit anderen Kindern spielt, zur Schule geht und konfirmiert wird. 1795 war sein Vater gestorben. Die Mutter heiratete ein gutes halbes Jahr später den Amtsnachfolger Heinrich Weegmann, der nicht nur sein Stiefvater, sondern auch sein Lehrer und Förderer wurde. Er hatte die musikalische Begabung des Buben erkannt und bildete sie aus, soweit es ihm möglich war.

Nach der Konfirmation 1803 kam Friedrich Silcher nach Geradstetten, um beim dortigen Schulmeister als Provisor den Beruf des Lehrers zu erlernen. Damit war er aus den Augen der Schnaiter entschwunden. bis er in seinen Liedern wiederkehrte und der Schwäbische Sängerbund sein Geburtshaus, die alte Schule, zum Silchermuseum umgestaltete.

Alle meine Vorfahren besuchten noch die alte Schule, die allmählich wirklich alt, baufällig und außerdem zu eng wurde. Aus der zweiklassigen Schule wurde bald eine dreiklassige, die vom Schulmeister und zwei Provisoren betreut wur-

Das alte Schulhaus.

de. Außerdem kam der Pfarrer zum Religionsunterricht in die Oberklasse. Ihm oblag auch die Schulaufsicht über die örtliche Schule. Die Lehrer hatten Pflichten als Organisten und Chorleiter, als Mesner und Glockenläuter, und sogar als Hilfsprediger. Gerne ließen sie sich am Glockenseil von kräftigen Oberklässlern vertreten, die diesen Dienst willig und ausführlich taten. Bei Beerdigungen und Hochzeiten wurde er sogar entlohnt. Die »Läuterbuben« mussten allerdings erst in die Kunst des Glockenläutens eingeführt werden. Sie durften sich nicht an das Glockenseil hängen, weil sie sonst emporgerissen wurden und mit dem Kopf an die Decke stießen. Sie mussten das Seil locker durch die Hände gleiten lassen und im richtigen Moment fest zupacken, um der Glocke neuen Schwung zu geben.

Im Jahr 1908 errichteten die Schnaiter ein neues Schulhaus mit drei Klassenzimmern, zwei größeren Lehrerwohnungen und einem kleinen Appartement für alleinstehende Lehrer in einem Seitenflügel. Bäder wurden nicht eingebaut. Der damalige Schultes soll den Antrag des Oberlehrers abgeschmettert haben mit der Begründung: »I hao jô au koa Bad!«

Unten im Schulhaus wurde eine Schulküche eingerichtet. Dort hatten schulentlassene Mädchen einmal wöchentlich Unterricht in »ländlicher Hauswirtschaft«. Im Volksmund hieß der Fortbildungsunterricht »Kochschuel«. Doch es gehörte nicht nur Kochen und Backen dazu, sondern auch Putzen, Wäschepflege, Handarbeiten, Vorratshaltung, Säuglingspflege, Tischdecken und Servieren. Diese Fortbildung war Pflicht und dauerte zwei Jahre.

Die neue Schule, die meine Geschwister und ich acht Jahre lang besuchten, wurde im Februar 1944 durch eine Luftmine in ihren Fundamenten so erschüttert, dass sie bei einem Rundgang der Gemeinderäte Anfang der 1970er-Jahre als nicht mehr sicher erkannt und abgerissen wurde. So ist nun die derzeitige Schule an die Peripherie des Orts gerückt. Das bedeutet für viele Kinder einen ungleich weiteren Schulweg.

Nun zum Rathaus. Es hat zusammen mit Kirche, Schule und Pfarrhaus das Zentrum des Orts gebildet und ist nun ganz und gar aus Schnait verschwunden. Es lag an der Straße, die jetzt Silcherstraße heißt. Als es 1782 erbaut wurde, hieß es dort schlicht »em Dôrf«. Der Eingang, erreichbar über eine lange Staffel, war an der Dachseite, dem »Kirchenacker« zu. Dort war vormals wohl der Friedhof gewesen, ein sonniger Platz, der aber schon lange verlegt worden war. Auch der Eingang zum großen Keller lag auf dieser Seite. Vermutlich wurde in alten Zeiten dort der Wein gelagert, den die Wengerter als Steuer oder Zins abliefern mussten.

Als 1940 die ersten Luftalarme waren, gingen wir Schulkinder mit unseren Lehrern in diesen Keller, eine lange, dunkle,

Das ehemalige Rathaus mit Silchermuseum.

ausgetretene und glitschige Staffel ohne Handlauf hinunter. So habe ich einen vagen, düsteren Eindruck bekommen von diesem Gelass. Aber bald wurden wir angewiesen, bei Voralarm nach Hause zu laufen und nach der Entwarnung wieder in die Schule zu kommen. Mag sein, dass den Eltern und Lehrern die hastige Flucht über die unebene, glitschige Staffel zu gefährlich war. Doch der Gedanke, dass alle Schulkinder samt Lehrern verschüttet werden könnten, hat wohl den Ausschlag für den neuen Beschluss gegeben.

Gehen wir in Gedanken in den großen Saal des Rathauses. Dort war es, wo die Gemeinderäte zu ihren Sitzungen zusammenkamen, wo die neugeborenen Kinder angemeldet, wo Brautpaare zuerst getraut wurden, ehe sie ihre Hochzeit in der Kirche feiern durften. 1876 waren die Standesämter in ganz Deutschland eingeführt worden. Vorher wurden Taufen und Trauungen sowie Todesfälle ins Kirchenbuch eingetragen.

Ab 1939 mussten die Lebensmittelkarten monatlich vom Rathaus abgeholt werden. Oft hat die Mutter mich geschickt. Weil meist eine Menge Leute vor mir dran waren, hatte ich Zeit, mich umzusehen.

An der Decke prangte ein rundes Gemälde, das mein Augenmerk auf sich zog. Zwar war die Farbe ein wenig rissig, desto heller leuchteten die hellen Gestalten herunter. Das Bild zeigte links eine halb sitzende Frau. Sie trug ein helles, schleierartiges Untergewand und eine dunklere Bluse, die über ihre rechte Schulter gerutscht war. In der linken Hand trug sie etwas, das aussah wie eine Rute. Die Rechte hielt eine Waage, die aussah wie jene, die Dota Rösle im Laden benutzte, wenn sie kleine Mengen Samen abwog. Die eine Waagschale neigte sich einer kleinen, fast nackten Gestalt zu, die in der Hand etwas hielt, das aussah wie ein arg zerrupftes Christbäumle. Merkwürdig war, dass die große Frau die Augen verbunden hatte. Die Mutter erklärte mir, dass das die Gerechtigkeit

sei. Sie dürfe die Leute nicht ansehen, weil sie nicht nach dem Augenschein richten dürfe, so wie auch der Bürgermeister nicht nach dem Augenschein urteilen dürfe. Er sei nämlich auch Friedensrichter. Wenn die Nachbarn Streit hätten, könnten sie bei ihm klagen. Der Bürgermeister müsse dann mit den Leuten reden und den Streit schlichten, sodass sie wieder in Frieden miteinander leben könnten. Das Deckengemälde aus dem 18. Jahrhundert hat mich als Kind so fasziniert, dass ich es immer wieder anschauen musste. Darum hat sich mir der übrige Ratssaal kaum eingeprägt. Leider kann man das Rathaus heute nicht mehr besuchen. Es fiel der »Ortskernsanierung« zum Opfer, genauso wie das Pfarrhaus, das dahinter lag.

Das alte Pfarrhaus hatte im Eingangsbereich Sandsteinböden, die von vielen Gästen rau und abgetreten waren. Die Dienstmädchen mussten in der kalten Jahreszeit morgens viele Öfen anheizen, ehe sie das Frühstück besorgten. Die großen Türen und Fenster waren nicht dicht, es zog durch das Treppenhaus bis in die Zimmer, sodass dauernd Holz und Kohle nachgelegt werden mussten.

Hinter dem Pfarrhaus war ein großer Pfarrgarten. Der kleinere Teil davon in der Nähe des Hauses wurde mit Gemüse und Kräutern bepflanzt, der größere war Wiese. Der Ertrag der Wiese war in früheren Zeiten ein Teil des Unterhalts von Pfarrers Kuh.

Dieser Garten bot auch Raum für das sommerliche »Pfarrgartenfest«. Dazu wurde das Gras vorher gemäht und wegge-

Das ehemalige Pfarrhaus.

schafft, und es wurden Tische und Bänke aufgestellt. Dennoch war genügend Platz für Spiele und Wettkämpfe der Jugend.

Von der Straße her stieg das Gelände steil an. Auf diesen Terrassen blühten vielerlei Blumen, die nicht nur die Zimmer des Pfarrhauses schmückten, sondern auch den Altar in der Kirche zu den Gottesdiensten. Ein Sträußle oder eine einzelne Rose für einen Krankenbesuch oder als Geburtstagsgruß stand im Sommer und Herbst immer zur Verfügung.

Alle diese Häuser, Rathaus, Pfarrhaus, dazu das Wengerterhaus der »Pfarrbischoffa«, sind verschwunden. An ihrer Stelle steht nun das Evangelische Gemeindehaus, außerdem ist auf dem Gelände der kirchliche Kindergarten »Arche Noah«. Er ersetzt das frühere Kinderschüle in der Lützestraße.

Ich setze meinen Weg fort durch das alte Schnait. Ein paar Schritte »'s Dorf nei« komme ich am »Lensamaier« vorbei, der Konditor, Wibelesbäck und Kaufmann war. Meine Erinnerung führt mich hierher. Ich muss damals knapp vier Jahre alt gewesen sein. Meine Mutter schickte mich mit einem Körble und dem Geld im Schürzentäschle, um für mein Brüderlein, das damals ein halbes Jahr alt war, Milchzucker zu holen. Das Lob, das ich für die erfolgreich erledigte Mission erntete, ließ mich die Angelegenheit in Erinnerung behalten. Wir haben hier später unsere Schulhefte und Stifte gekauft, Schiefertafeln, Griffel und Schwammbüchsle, Federn und Federhalter. Im Frühjahr haben wir auf den »Boomschtickla« (Baumgüter) des Nordhangs Spitzwegerichblätter gesammelt und dem Linsenmaier gebracht. Dafür haben wir ein »Gückle« (Tütchen) »Hueschtazuckerla« erhalten. Um die Osterzeit gab es beim Linsenmaier Zuckerhasen in allen Größen, braune Karamellhasen und die fast durchsichtigen roten Hasen. Bei der hauseigenen Herstellung ging manchmal ein Teil zu Bruch. Diesen »Hasenbruch« bekamen die Kinder beim Einkauf gratis dazu.

Wir Schulkinder standen manchmal im »Lütza-Höfle« und forderten lautstark diese Süßigkeit: »Hase raus! Hase raus!« Meist flogen auch einige Stücke zum Fenster heraus, um die wir uns balgten. Aber eines Tages ging offenbar unser Geschrei den Lehrlingen auf die Nerven, und so schütteten sie das klebrige Zuckerwasser über uns, mit dem sie die Kessel ausgespült hatten.

Ein Stück weiter komme ich am Küfer vorbei. Seitlich am Haus liegen lange, schmale Bretter aufgestapelt, die »Küferbeiga«. Auf der Seite der Straße arbeitet der Küfer an einem neuen Fass. Er hobelt eines der Bretter glatt. Säuerlich riechende Späne fallen auf den Boden. In der Werkstatt brennt ein offenes Feuer. An den Wänden hängen griffbereit Hämmer, Zangen, Brenneisen. Mit dem glühenden Brenneisen brennt der Küfer in das vordere ovale Brett des fertigen Fasses das Fassungsvermögen und sein eigenes Zeichen ein.

Vor dem Haus des Küfers.

Jetzt zieht er mit einem Gehilfen die glühenden Reifen auf. Es zischt und raucht, der säuerliche Eichengeruch mischt sich mit Brandgeruch.

Aber der Küfer versteht nicht nur Fässer, Butten, Zuber und Kübel zu machen, er versteht sich auch auf den Ausbau des Weins. Dabei muss der neue Wein immer wieder gekostet werden, und das führt manchmal zum Alkoholismus. Der letzte Küfer, den ich gekannt und dem ich bei seiner Arbeit zugeschaut habe, soll einmal in vertrautem Kreis gesagt haben: »Mein Karl wird einmal ein besserer Küfer als ich. Er hat einen besseren Geschmack als ich, weil er nicht trinkt.« Aber der Karl hat das nicht beweisen können, er ist im Krieg geblieben.

Keine hundert Meter weiter »da Flecka nai« komme ich an ein hoch aufragendes Haus mit schönem Fachwerk. Schon von weitem sieht man ein vergoldetes Schaf in etwa drei Meter Höhe über die enge Straße ragen. Es kennzeichnet das Gasthaus zum Lamm. Das Gebäude ist 1797 erbaut und seitdem von vielen Besitzern und Pächtern bewirtschaftet worden. Noch heute gilt es als sehr gute Gaststätte mit ausgezeichneten Speisen und Weinen.

Dem »Lamm« gegenüber kragt ebenfalls ein Fachwerkhaus mit seinen oberen Geschossen über die Straße herein und lässt sie enger und dunkler erscheinen. Die Erbauer müssen wohlhabend gewesen sein, sodass sie sich ein solch stattliches Haus erstellen konnten. Im Dorf heißt es »'s Schemmlesbaura« (Haus des Schimmelbauern). Es steht noch immer stattlich da im Schmuck seiner dunklen Balken und den weiß getünchten Riegelwänden, aber die Schimmelbauern sind verschwunden,

Gasthof zum Lamm.

keine Gäule, keine Wagen verkehren mehr außer den Autos auf der Straße. Die einzelnen Wohnungen sind vermietet.

Wir kommen ans »Eck«, wo zwei Straßen sich vereinigen, »d' Heetza« (Lützestraße) und »'s Dorf« (Silcherstraße). An diesem Eck wird der Maibaum aufgestellt. Der Christbaum beleuchtet um die Weihnachtszeit beide Straßen, und sein Glanz

's Schemmlesbaura Haus.

fällt auch ins »Gässle«, in die heutige Brunnenstraße hinein. Auf dem freien Platz steht ein steinernes Standbild Friedrich Silchers, von Ludwig Heeß gestaltet. Im Sommer ist es umblüht von lila Lavendel, im Winter trägt es eine Schneekappe. Der Lärm der Motorfahrzeuge, der den Komponisten sicher gestört hätte, beeindruckt die Statue nicht.

Weiter hinten sitzt der steinerne Weingott Bacchus vergnügt (oder berauscht) grinsend in seinem steinernen »Badzüberle«. Auch ihn hat Ludwig Heeß aus Sandstein ausgehauen.

Zwei Häuser vom »Eck« entfernt steht die ehemalige Flaschnerei. Oben, über der Werkstatt und dem Laden, wohnte die Familie des Flaschners und Installateurs. Damals lagen vor dem Haus lange Stangen, Rohre und Kupferplatten. Die Flaschner verkleideten Außenwände mit Kupfer- oder den billigeren Blechplatten, brachten Dachrinnen und Fallrohre an und richteten, seit Schnait 1908 an die öffentliche Wasserleitung angeschlossen war, die Leitungen in den Häusern ein. 1910 wurde Schnait mit elektrischem Strom versorgt. Nun lernte der junge Flaschner auch, mit der Elektrizität umzugehen.

Im Laden verkaufte die Frau des Flaschner-Pauls Töpfe, Pfannen, Krüge aus Glas und Porzellan, später auch Radios, Sicherungen, Glühbirnen und Lampen. Heute gibt es in Schnait keine Flaschnerei und kein Elektrogeschäft mehr.

Gegenüber der Flaschnerei, direkt am Dobel, ließ ein großes Fenster verschiedene Schuhe sehen: Stiefel, Halbschuhe, Kinderschuhe in verschiedenen Größen und Formen. Dahinter hatte der Schuhmacher Deiß seine Werkstatt, in der er durchgelaufene Sohlen ersetzte, schief getretene Absätze gerade richtete, aufgegangene Nähte, auch an Schulranzen, wieder zunähte, die schweren Arbeitsschuhe und auch Kinderstiefel an Spitze und Absatz mit gerundeten Eisenplättchen, den »Eisela«, versah und die Schuhe direkt mit »graußkopfete« Nägeln bedeckte. Damit konnten die großen Buben Funken schlagen, wenn sie im Schulhaus am Treppengeländer herabrutschten und ihre langen Beine über die Granitstufen schlagen ließen.

Aber ein Schuhmachermeister war nicht nur Flickschuster, er hat auch den Wengertern ihre schweren Arbeitsstiefel angemessen und selbst gefertigt. Vorgefertigte Schuhe passten oft nicht an die geschädigten Füße, die auf den steinigen Wegen und den unebenen Böden dennoch einen festen Halt haben mussten. Dazu konnte ein geschickter Schuhmacher viel beitragen. Auch einen Schuhmacher oder ein Schuhgeschäft gibt es in Schnait nicht mehr, seit der Orthopädieschuhmacher

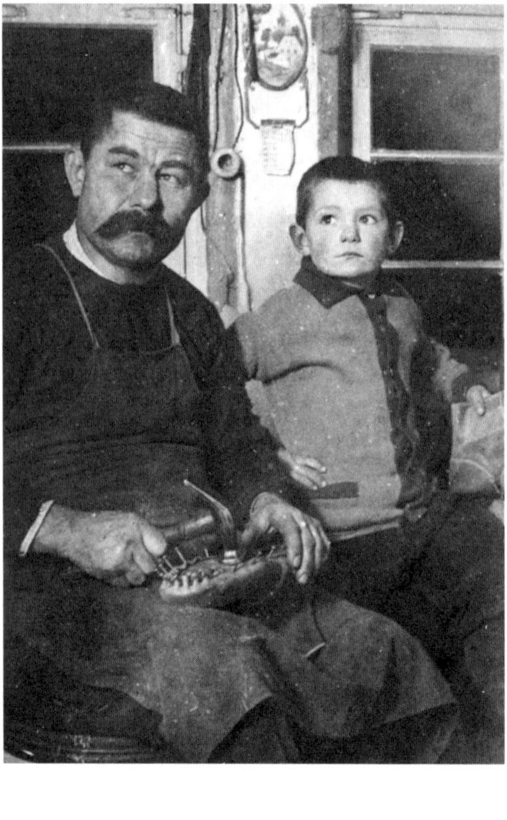

Schuhmacher Bischoff mit seinem Gehilfen.

Gottlob Mast vor ein paar Jahren sein Geschäft mit 80 Jahren aufgeben musste.

Nun zum Dobel, der am Schuhmacherhaus vorbeifloss. Er kam, wie der schmale, aber zeitweilig wilde Bach am unteren Ende des Dorfes, hoch aus den Weinbergen und floss in einem weiten Betonrohr unter der Straße durch. In trockenen Zeiten führte er kaum Wasser. Die Kinder spielten da unten im Dreck und probierten die Akustik aus, einerseits das Echo ihrer Stimmen, andererseits den Klang der darüberfahrenden Wagen. Bei Schneeschmelze oder nach starken Gewittern kam so viel Wasser den Berg herunter, dass die Dole es nicht mehr fassen konnte. Es überschwemmte dann die Straße und drang in die umliegenden Keller ein.

Heute ist der Dobel gebändigt durch Rückhaltebecken im Außenbezirk und durch Tieferlegung seines Bettes. Innerhalb des Orts ist er stellenweise gar nicht mehr auszumachen.

Neben dem ehemaligen Wasserlauf steht ein kleines, unscheinbares Häusle. Man sieht eine zugemauerte Tür mit einem Blumenkasten davor. Sie ist so niedrig und eng, dass man sich gar nicht vorstellen kann, wie ein ausgewachsener, kräftiger Mann ungestreift da durchkommen konnte. Doch in alter Zeit war die Tür offen, und manch ein stattlicher Wengerter fand den Weg über ein paar Stufen hinab ins Gasthaus zum Löwen. Dort wirkte der »Becka-Hess«, später der »Gandert« oder »'s Edawarts«. Wenn ich als Kind dort vorbeikam und die Türe offen war, traf ein unangenehmes Gemisch von Tabakrauch und Bierdunst meine Nase, und ich ging schnell weiter.

Ich setze meinen Spaziergang durch das alte Schnait fort und gehe auf die andere Straßenseite. Dort sehe ich wieder ein vergoldetes Wirtshausschild, eine Krone. Das Haus steht nahe am

Rechts der Becka-Hess, links das Gasthaus zur Krone.

Dobel, ehe er unter der Straße verschwindet. Es ist durch eine hohe Mauer vor Hochwasser geschützt. Hinter dieser Mauer und hinter dem Gastraum befindet sich die Gartenwirtschaft, wo sich die Gäste im Schatten alter Bäume Mahlzeiten und Getränke schmecken lassen können.

In meinen Kinderjahren spielte die Metzgerei eine Rolle. Hier wurde das so genannte »Freibankfleisch« verkauft. Dazu muss ich weiter ausholen: Die Schnaiter Wengerter hatten eine oder zwei Kühe im Stall, die die Familie mit Milch versorgten und die großen Wägen zogen. Außerdem half das »Kälblesgeld« dem dünnen Geldbeutel auf. Wenn nun einer dieser Kühe etwas zustieß – es kam vor, dass sie mit dem Futter Nägel verschluckten oder dass beim Kalben etwas arg schief ging –, war das ein großer finanzieller Schaden. »Weibersterben – kein Verderben. Viehverrecken, das bringt Schrecken!« bringt es eine alte Redensart auf den Nenner. Die Viehbesitzer schlossen sich deshalb zum »Viehversicherungsverein« zusammen, lange bevor sie einer Krankenkasse beitraten.

Musste nun eine Kuh notgeschlachtet werden, so bekam der Versicherte einen Beitrag zur Beschaffung einer neuen Kuh. Das Fleisch der geschlachteten Tiere wurde, wenn es gesund war, auf der »Freibank« verkauft. Die Mitglieder waren verpflichtet, das Fleisch abzunehmen. Zur Zeit der Lebensmittelkarten war Freibankfleisch allgemein begehrt, denn es wurden keine Fleischmarken dafür abgeschnitten. Da hatten dann die Mitglieder den Vorrang vor den Nichtmitgliedern.

Auf einem Seitentisch lagen Listen mit den Namen der Mitglieder. Wenn diese Namen alle abgehakt waren, begann der allgemeine Verkauf. So stand ich manchmal in der Reihe der Wartenden, nannte der Fräulein Klara oder der Fräulein Julie die Namen des Vaters und des Christianvetters, ließ mir vom Metzger unsere Portionen abpacken, bezahlte und ging wieder heim.

Die beiden Schwestern, Julie und Klara Fichtel, bewirtschafteten damals die Krone. Wenn sie servierten, trugen sie schwarze, enge Kleider und ein winziges weißes Spitzenschürzle vor dem Bauch. Darunter versteckten sie ihr Ledertäschle mit dem Bestellblock, dem Bleistift und dem Geldbeutel. So stehen sie mir noch heute vor Augen.

Auf der anderen Seite des Dobels stand vor 1931 das Haus der Hopfers, das Haus des Fräulein Johanna und ihrer Angehörigen. Es wurde vom Ochsenwirt gekauft und abgerissen, denn er brauchte den Platz zur Erweiterung seiner Gastwirtschaft.

Gegenüber arbeitete ein Handwerker, der Schmied Schiller. Seine Schmiede war ziemlich klein. Wenn er vor der Esse stand

Schmied Schiller montiert die Beschläge für die Keltertüren.

und ein Eisen im Feuer hatte, stand seine dunkle Gestalt unheimlich gegen die rote Glut. Die Hammerschläge klingelten hell und rhythmisch aus der Düsternis heraus. So stellte ich mir den Schmied des jungen Siegfried im dunklen Wald vor.

Pferde beschlug er außen am Rand der Straße. Wieder waren es scharfe Gerüche, die den Vorübergehenden in die Nasen stachen, die durchdringenden von feuchtem Pferdefell, von verbranntem Horn, wenn das glühende Eisen auf den Pferdehuf gedrückt wurde und von den »Rossbolla«, die der Gaul fallen gelassen hatte.

Hier draußen hatte der Schmied Roheisen, Rohre und anderes Material stehen und liegen. Gewöhnlich gingen die Leute achtsam daran vorbei, tauschten wohl auch den ortsüblichen Gruß: »So, bischt fleißig.« – »Jô, kommscht au?« Wenn der Schmied in der Werkstatt verschwunden war, stolperten manchmal halbwüchsige Lausbuben absichtlich über die Rohre und ließen sie scheppernd fallen. Wie ein Berserker stürzte der alte Schmied aus seiner Werkstatt und schrie und fluchte, aber die Buben waren schon in das enge Gässle verschwunden und grinsten schadenfroh um die Ecke. Sie wussten, dass der Schmied sie nicht weiter verfolgen würde.

Kein Klingeln der Hämmer tönt mehr auf die Straße, keine Glut der Esse malt den dunklen Schatten des Schmieds, kein Geruch von Pferden und verbranntem Horn stört mehr die empfindlichen Nasen. Die Jugendlichen treiben ihren Unfug eher außerhalb des Ortes. Der junge Schmied ist im Krieg geblieben, der alte und seine Frau sind gestorben. Das Haus gehört jetzt einer türkischstämmigen Familie, die es aufwendig renovieren lässt. Ich sehe eine Frau mit Kopftuch dort aus- und eingehen. Zwei Kinder spielen im Hof. Sie werden allmählich zutraulicher und wenden ihre neuen Sprachkenntnisse mir gegenüber an, lassen sich auf ein Gespräch ein.

Nun wende ich mich der anderen Straßenseite zu. Dort steht heute ein kleines Einkaufszentrum, klein im Vergleich zu anderen Supermärkten, aber gut sortiert. In der eigenen Bäckerei hergestellte Backwaren werden von den Verkäuferinnen sorgfältig eingepackt. Sie schreiben den Preis auf die Tüten, und mit den anderen Lebensmitteln zusammen wird an der Kasse abgerechnet.

Nahe beim Eingang ist die Poststelle eingerichtet. Hier kann ich Briefmarken kaufen und Pakete aufgeben. Haben mich die Zusteller nicht erreicht, bekomme ich mein Paket am nächsten Tag hier ausgeliefert. Auch Müllgebühren werden hier eingezahlt. Außer dem »Lädle«, dem Dorfladen, ist »dr Stahl« die letzte Einkaufsstelle in Schnait. Ich frage mich mit vielen älteren Schnaitern: Was wird aus uns, wenn die Familie Stahl den Laden aufgibt? Müssen wir auswärts gehen, um leben zu können?

Früher war an dieser Stelle das Gasthaus zum Ochsen mit Metzgerei. Schon um 1700 war vom Ochsen die Rede. Sowohl auf die eine als auch auf die andere Straßenseite ragte ein Wirtshausschild heraus. Gegen die »Staig« zu (jetzt Weinstraße), über dem Eingang, lud ein beleuchtetes Schild ein, gegen die »Buchhalde« zu warb ein goldener Ochse um Gäste.

Der alte Gastraum mit Tischen und Stühlen lag ein wenig unter Straßenniveau, sodass man beim Eintritt auf eine Stufe achten musste. Ging man durch diesen Raum hindurch, befand man sich in einem großen Saal, der 1935 angebaut wurde. In diesem Saal wurden Hochzeiten gefeiert und wurde der »Leichentrunk« serviert, soweit es sich um eine große Trauerfamilie handelte, die dazu eingeladen hatte. Der Leichentrunk unserer Dota Paulena allerdings war im kleineren oberen Saal ausgerichtet.

Im Gastraum unten wurden immer wieder Filme vorgeführt. So sahen wir Schüler im Jahr 1940 oder 1941 den Film von den siegreichen Feldzügen in Polen und Frankreich. Zuvor mussten drei große Buben mit einem Leiterwägele das Filmgerät und die Filmspulen in Beutelsbach holen und anschließend zurückbringen.

Wandte man sich vom Eingang nach rechts, so kam man in den Metzgerladen, in dem der Onkel Eugen und die Tante Liesel, seine Frau, Fleisch und Wurst verkauften. Der Onkel Eugen war ein Neffe unseres Schlossehle, also kein »ganz

Gasthof und Metzgerei zum Ochsen.

richtiger Onkel«. Aber die Verwandtschaft wurde und wird immer noch in Ehren gehalten, und so fiel, auch in Zeiten der Lebensmittelkarten, immer ein Stückle Wurst für uns Kinder ab. Darum gingen wir auch so gern in den Ochsen.

Als Unterkunft für die Pferde der Übernachtungsgäste war über der Straße der »Rossstall« erbaut worden. Das Gebäude selbst war für mich nicht interessant. Vielmehr ängstigten mich als Kind die jungen Burschen, die davor herumlungerten und kaum einen Vorübergehenden ungeschoren ließen. Besonders auf kleine Kinder hatten sie es abgesehen, denn die reagierten so berechenbar und auffällig. Die Burschen wühlten mit ihren Händen in den Hosentaschen herum und riefen mit rauer Stimme den Kindern zu: »Messer raus ond Aura ra!« (Messer heraus und Ohren herunter). Wir durchschauten nicht, dass das nur eine leere Drohung war, dass sie vermutlich gar keine Messer hatten. Wir rannten nur laut schreiend davon, zum großen Vergnügen der Burschen. Aber natürlich standen auch junge Mädchen auf der »Abschussliste« der jungen Kerle.

Sicher war der Platz vor dem Rossstall bei den Heranwachsenden so beliebt, weil sie an Sonn- und Feiertagen etwas Besonderes erleben wollten. Dazu gab ihnen die Nähe der gut besuchten Gasthäuser Ochsen und Grüner Baum reichlich Gelegenheit. Dort kamen viele Autos an, vornehme Leute spazierten vorbei. Gegen Abend torkelten auch grölende Betrunkene in den Straßengraben. Diese Beobachtungen forderten die eigene Aktivität heraus, aber sie durfte ja nicht zu persönlichen Misshelligkeiten führen. Darum richtete sie sich gegen Wehrlose, die das Vergnügen der Burschen mit ihrer Angst bezahlen mussten.

Wenn wir vom Platz, auf dem der Rossstall stand, über die Buchhaldenstraße weg geradeaus schauen, erstreckt sich vor uns eine breite Straße, die leicht ansteigt und dann sich teilt. Junge rennen noch leicht die »needer Schtoig« (niedere Steige) hinauf; ich wandere langsam hoch und schaue mich dabei um. An Häusern sind es einfache Bauten, die früher von Wengertern oder Tagelöhnern bewohnt wurden. Heute sind es vielfach Arbeiter, die ihre Behausungen ordentlich renoviert haben.

Ehe links die Blumenstraße abgeht, steht noch ein Fachwerkhaus. Darin hat früher der Fuhrmann Eisele mit seiner Familie und die Familie Zoller gewohnt.

Ein paar Schritte in die Blumenstraße hinein erstreckt sich ein großer Platz, auf dem ein verfallender Holzschuppen steht. Einige Balken, Bretter und Holzsplitter liegen noch herum. Dort hatten die Zimmerleute Zürn ihren Arbeitsplatz, erst der Vater, dann die beiden Söhne. Alle drei Zimmermänner sind gestorben, der Platz liegt verwaist da bis auf die Katzen, die in der Hütte einen zeitweiligen Unterschlupf finden.

Kehren wir jetzt wieder auf die »Schtoig« zurück, sind wir am Steiggraben. Dort trennen sich die flachere »Niedere Steig« und die sehr steile »Hohe Steig«.

Etwas oberhalb dieser Straßenteilung sehen wir ein hohes Fachwerkhaus. Die Türe befindet sich so weit über der Straße, dass man ein Leiterle brauchen würde, um an die Türschwelle zu kommen. Aber man kann nicht hin und erst recht nicht hineinkommen, denn die Türe ist zugemauert und hat ein bauchiges Eisengitter davor. Offenbar ist die hohe, steile Steintreppe, die für den modernen Verkehr viel zu weit in die Straße hereinragte, ins Innere des Hauses verlegt worden. Eine andere Tür mit Briefkasten und Klingel in normaler Höhe über dem Boden gewährt jetzt Einlass.

Früher war das der Laden des Kaufmanns Bischoff, der hier eingeheiratet hatte. Zuletzt führte die älteste Tochter der Familie den Gemischtwarenladen, heute ist das Geschäft aufgegeben. Das große, einst so stolze Haus hinterlässt einen alten, traurigen Eindruck. Kehren wir deshalb um zur rechten Straßenseite, zum Gasthaus zum Anker. Ursprünglich war es ein kleines, aber solides Wirtschäftle. In den Dreißigerjahren warb der Ankerwirt Adolf Unrath mit »reellen Weinen«. Ich wusste nicht, was das Wort bedeutete. Vielleicht hat es sich mir deshalb so tief eingeprägt. Wenn die Männer ihre Gläser gegen das Licht hoben, meinte ich, dass sie damit die »Reellität« des Weines prüften.

Heute hat sich das Gebäude stark vergrößert. Ein langer Saal wurde angebaut, Garagen kamen hinzu für die Übernachtungsgäste, und Fremdenzimmer wurden eingerichtet.

Ein besonderer Tag für die ganze Gemeinde ist die Schnaiter Kirbe. Schon Wochen vorher versammeln sich die Kirbebueba und die Kirbemädla zur Vorbereitung auf das große Fest, allerdings nicht immer im Anker, sondern am eigent-

Der Kirbetrauben wurde am Ochsen aufgehängt.

lichen Festort, der »Schnaiter Halle«. Doch am Kirbesonntag selber kommen die Kirbebueba ond Kirbemädla des Jahres sowie die der vorangegangenen Jahre zu einem Umtrunk im Anker zusammen. Dort formiert sich auch der Kirbezug mit dem schweren Kirbetrauben und den Wengerträtscha. Auch der Musikverein begleitet den Zug. Der geht nun die »Steig« hinab, am Ochsen vorbei, die Buchhalde hinaus bis an die »Schnaiter Halle« in der Mühlbergstraße. Dort wird noch einmal »feschte g'rätschet«, solange die beiden Kirbetraubenräger mit dem Trauben zwei Leitern hinaufsteigen. Dabei werden sie von unten mit Stangen unterstützt. Auch die Musik untermalt diesen rituellen Vorgang, und die Zuschauer hat atemlose Spannung ergriffen. Hängt dann der Trauben sicher in seiner Halterung, gehen alle Teilnehmer in die »Silcherstuben« zu Familie Natschka, wo sie sich stärken. Früher wurde der Kirbetrauben am Ochsen aufgehängt.

Überlassen wir die Leute, Einheimische und Gäste, ihrem Festtrubel und gehen zurück in die »Needer Stoig«. Früher hieß man die Gegend dort »Bohnenviertel«. Die Leute, die dort wohnten, waren arm. Sie hatten vielfach sehr große Familien, was ja oft Hand in Hand geht mit Armut. Aber manche Väter hatten verantwortungsvolle Nebenberufe, die sie treulich ausführten und sich damit Achtung und natürlich Geld dazu verdienten. Einige dieser Berufe, die es heute hier nicht mehr

Wengerterhaus mit Kamerza und Lotterrad.

gibt, will ich nennen: Nachtwächter, Straßenwart, Feldschütz, Farrenwärter. Auch der Postler, der Briefträger, gehörte damals dazu. Den Beruf gibt es zwar immer noch, aber in völlig anderer Form. Damals stellte der Postler die Briefe und Pakete zu Fuß zu und schob seinen schweren Postwagen von Haus zu Haus. Ja selbst nach Baach hinaus legte er die Strecke von vier Kilometer zu Fuß oder mit dem Fahrrad zurück.

Wir steigen weiter die Steig hinauf. Die Straße muss sich der natürlichen Steigung des Geländes anpassen. Damit sie nicht zu steil wird, verläuft sie in scharfen Kurven. Aber die steil der Sonne zugeneigte Bergseite ist in unseren Breiten die Bedingung für gute Weine. In alten Zeiten war es wichtig für die Wengerter, dass ihre ohnehin schwere Arbeit so viel wie möglich erleichtert wurde. Deshalb bauten sie ihre Keltern an den Fuß der Weinberge, aber nicht zu weit vom Dorf. So konnten sie ihre schweren »Traubenbutten« in relativ kurzer Zeit in

Ehemalige Steigkelter mit Anbau.

die Kelter tragen. Später wurden die »Butten« in »Züber« geleert und mit Wagen in die Kelter gefahren, ohne Zugvieh, nur durch das Gefälle. So war in der Steig die »Steigkelter« errichtet worden, wahrscheinlich nach 1615. Nach der Erweiterung 1678 war sie größer und leistungsfähiger als die »Schenkelkelter«. Die Wengerter sammelten ihre Trauben in den »Zübern« auf den »Setzesteinen« und pressten sie auch in der Kelter ab. Der Wein wurde auf dem Kelterplatz verkauft und von den »Weinherren« abgeholt. Was nicht verkauft wurde, lagerten die Wengerter selbst ein und bauten den Ertrag auch selbst aus.

Wie die »Schenkelkelter« wurde auch die Staigkelter nach 1934 nicht mehr gebraucht und schließlich abgerissen. Auf dem Gelände stehen nun Wohnhäuser.

Ein Stückchen weiter der Fahrstraße nach, kurz vor einer Kurve, geht eine enge Straße nach rechts steil nach unten. Die Fahrstraße führt hinauf auf die waldige Höhe, zwischen Weinbergen und Baumgütern hindurch. Wir aber steigen die »Hohe Steig«, jetzt Bergstraße, hinab ins Dorf. Dic Häuser bieten ein ganz ähnliches Bild wie in der »Niederen Steig«, der Weinstraße. Sie sind mir vertraut und doch verändert: Sie sind schmuck renoviert, haben Balkone mit Sonnenschirmen vorgebaut und Autos in Garagen stehen, die einst als Scheuern gedient haben.

Nicht weit über dem Steiggraben sticht linker Hand »'s Zemmerles Haus«, ein größeres, reicher ausgestattetes Wengerterhaus, unter seinen Nachbarn hervor. Die drei Zimmerlestöchter, die dort aufgewachsen sind, leben alle drei nicht mehr.

Rechter Hand steht ein mit Klinker versehenes Haus. Dort wohnte einst die Familie des »Steigbecks« Oskar Sperber. Manchmal wurden wir von der Mutter dorthin geschickt, um ein besonderes, süßes Gebäck, die »Blechwecken« zu kaufen.

Gehen wir zurück an die Buchhaldenstraße. Dort stand, dem Ochsen gegenüber, der Gemischtwarenladen der »Seifensieders«. Ja, der alte Karl Kaufmann hat Seife hergestellt. Beim Umbau der Küche in den Dreißigerjahren kam ein großer, alter Kessel zum Vorschein, in dem erst Seife gesotten und im Ersten Weltkrieg vom Schwiegersohn Friedrich Stilz Kerzen gegossen wurden. Diese Produkte wurden dann von den Frauen im Laden verkauft. Nachdem die Notlage um 1920 nicht mehr so groß war und fertige Kerzen preisgünstiger zu bekommen waren, wurde der hinderliche Kessel mit einer Mauer umgeben.

Die Männer der Familie Stilz waren und sind begeisterte, fleißige Weingärtner. Diese Leidenschaft hat sich vom Urahn Friedrich über den Großvater Reinhold und den Vater Reinhold Friedrich auf den Sohn Achim übertragen. Letzterer betreibt jetzt das »Weingut im Hagenbüchle« und erzeugt biologische Weine und Fruchtsäfte.

Im Laden gegenüber dem Ochsen wurden Lebensmittel aller Art verkauft, dazu Stoffe, Garne, Sämereien, Bohnerwachs, Scheuermittel, Haarbänder, ein sehr breit gefächertes Angebot. Die Kinder durften sich, wenn sie mit ihren Müttern in den Laden kamen, aus einem großen Glas ein Zuckerle herausnehmen oder auch zwei. Sie konnten sich das Warten verkürzen, indem sie schon einmal ihr »Wunschbombole« im Glas ins Visier nahmen. Die Einkäufe dauerten ja meist sehr lange, nicht nur, weil bei dem schmalen Budget der Wengerterweiber die Waren sehr sorgfältig ausgesucht werden mussten, sondern auch weil die Weiber die Gelegenheit nutzten, sich auszutauschen über Familienangelegenheiten und den aktuellen Dorftratsch. (»Frauen«, das waren die Frau Pfarrer und die Frau Doktor, die »Frau Linsenmaier«, eben die vornehmeren Mitbürgerinnen, die man mit »Sie« anredete. Eine Lehrerin war in der Regel unverheiratet, wurde also mit »Fräulein« tituliert. Die Kinder- und Krankenschwestern waren eben »Schwestern«. Alle anderen, einfachen Frauen waren nach uralter Tradition »Weiber«. »Mann« konnte in diesen Namen Zärtlichkeit und Stolz, aber auch wegwerfende Verachtung legen.)

Heute steht der Laden nicht mehr. An seiner Stelle wurde eine Zweigstelle der Kreissparkasse eingerichtet.

Neben dem Rossstall, eine Gasse dazwischen, stand das Gasthaus zum Grünen Baum. Dazu gehörte eine Bäckerei, die in meiner Kindheit und Jugendzeit erst von der Familie Krauter, später von Familie Stierle betrieben wurde.

Heute steht der Grüne Baum nicht mehr. An seiner Stelle wurde das Gemeinde-Pflegeheim »Alexanderstift« eingerichtet, das seit 2006 bewohnt wird. Gegenüber dem Grünen Baum erhob sich ein stattliches Gebäude, die »Nudelfabrik«. Dort wurden früher Nudeln hergestellt, vermutlich für die Leute, denen unsere Spätzle zu gewöhnlich waren oder die nicht mit Spätzlesteig und Spatzenbrett umgehen konnten.

Die Nudelfabrik gehörte Karl Krauter. In den Jahren 1939 bis 1945 war die große Scheuer Sammelstelle für die »bewirtschafteten« Obstsorten »Breschtleng« (Gartenerdbeeren) und Kirschen. Die »Bewirtschaftung« wirkte sich so aus: Am Anfang eines Kalenderjahres musste jeder »Stücklesbesitzer« einen Fragebogen ausfüllen, auf dem er anzugeben hatte, wie seine Grundstücke bepflanzt waren. Im Frühjahr kam dann der Bescheid, wie viele Zentner »Breschtleng« pro Ar, wie viele Zentner Kirschen pro Baum abzuliefern waren, natürlich gegen Bezahlung. Welche Sanktionen bei Nichterfüllung des Solls drohten, weiß ich nicht mehr.

Im Hintergrund der großen Scheuer waren kleine und große Spankörble gestapelt. Im Vordergrund stand eine Dezimalwaage mit zwei Gewichtekästen neben einem Tischchen, auf

Krauter, Rossstall und »Seifensieders«.

dem Listen und Schreibzeug lagen. Mehrmals täglich fuhren Lastwagen her, brachten leere Körbe und nahmen die vollen mit.

Heute ist auch die Nudelfabrik abgerissen. Ein modernes kleines Mehrfamilienhaus steht an der Stelle. Die Balkone sind mit Schatten spendenden Pflanzen bestückt. Seitlich davon, an der Niederen Steig, hat Ludwig Heeß den Rand eines kleinen Brunnens künstlerisch gestaltet, sodass er an die Nudelfabrik erinnert. Oben, am Rand des Beckens, liegen steinerne Eier, die allerdings nicht weiß, sondern grünlich-grau sind von Flechten. An der seitlichen Wand schlängeln sich breite Nudeln herunter, daneben steht ein Mehlsack. An der vorderen Seite sieht man auch Nudeln sich dem Boden zu schlängeln. Ein kleines Rinnsal fließt durch das Becken und tritt vorne durch ein enges Röhrle aus. Der weißen Kalkspur nach, die das Rinnsal zu beiden Seiten begleitet, kommt das Wasser aus der Wasserleitung.

Ich bleibe vor der Nudelfabrik stehen, wo ich den Ortsausgang bis hinaus zum »Kelterbückele« einigermaßen überschauen kann. Auf der linken Seite fällt mir ein großes schmuckloses Gebäude auf, das in Schnait »'s grauße Haus« genannt wird. Es soll zum befestigten Wohnsitz der Ortsadeligen Dürner von Dürnau gehört haben. Diese waren nach alten Überlieferungen maßgeblich beteiligt an der zweiten Rodung des Schweizerbachtals. Die Schneise, nach der Schnait seinen Namen hat, war ja 1238 schon besiedelt und der Name Schnait (Snait) urkundlich erwähnt worden.

Die kleine Burg der Dürner von Dürnau lag am Weg »ins Täle naus« und gab ihm den Namen »Burghalde«. Daraus ist dann der Name »Buchhalde« geworden, auch für die entfernte Weinberghalde.

Zu unserem Wengert Buchhalde führte der weiteste Weg, den wir in irgendeinen Wengert zu gehen hatten. Die Mutter meinte, wenn wir von dort aus geradewegs nach Osten gingen, kämen wir an keinen anderen Wengert bis nach Österreich hinein. Oft war das Mittagessen fast kalt, das wir dem Vater hinausbrachten. Ich glaube, die Mutter hatte dann Speisen gekocht, die auch lauwarm noch schmeckten.

Über die Buchhaldenstraße kamen wir auch in den »Kelterawengert« (Kelterweinberg). Der Name weist darauf hin, dass auch in dieser Halde eine Kelter stand. Tatsächlich waren es im Laufe der Zeit mehrere kleine Keltern. Die beiden letzten, die »Brenkelenkeltern« wurden 1849 abgebrochen. Das Baumaterial verwendeten die Wengerter zur Erweiterung der Steigkelter, zu der sie dann auch ihre Trauben brachten.

Das Gebiet der Kelterweinberge und das der »Deihäcker« ist nun ganz überbaut mit schönen Wohnhäusern. Die Lage dort ist sonnig und ruhig.

In der Buchhaldenstraße arbeiteten früher Handwerker, die eine wichtige Stellung in der Dorfgemeinschaft hatten. Der

Der Glaser.

Schmied Dippon schmiedete und schärfte Kärste (zweizinkige Geräte zur Bodenbearbeitung), Felghauen und Spaten. Er versah auch die schweren Wagen mit Eisenreifen, Handbremsen und den Radschuhen, die bei besonders starkem Gefälle den Hinterrädern untergelegt wurden. Er arbeitete mit dem »Wägner« Unrath zusammen, der die Holzteile der Wagen zusammenfügte. Wagner und Schmied wohnten nur ein paar Häuser voneinander entfernt. Vermutlich hat der Wagner auch das Handwägele des alten Gökeler gebaut.

Ganz am Ende des Dorfes, ehe der Weg den »Haag« hinunterführt, fügte der Glaser Barner Scheiben in die Rahmen und baute die fertigen Fenster und Glastüren in die Häuser ein. Der ehemalige »Haag« heißt jetzt »Mühlbergstraße« in Erinnerung an die Getreide- und Sägemühle.

Die Werkstätten in der Buchhaldenstraße sind nun alle verschwunden. Die Häuser stehen teils noch, teils wurden sie um- oder auch neu gebaut.

Der Wagner baut zwar keine Wagen mehr, aber der jüngste Unrath hat mit modernen Wagen zu tun: Am Ortseingang von Beutelsbach her hat er eine große Autowerkstatt samt Tankstelle.

Wir gehen nun Richtung Brunnenplatz zu und in der Zeit ein gutes Stück zurück. Gegenüber dem großen Kastanienbaum stand ein kleiner Laden mit zwei Schaufenstern rechts und links der Tür. Es war eine Filiale des Kaufhauses »Grill« in Schorndorf. Von dort bekamen »Grills Päule« und ihre Tochter, »Grills Lina«, einmal wöchentlich ihre Waren. Dort konnten wir auch Lebensmittel kaufen, die die anderen Läden nicht

Grills Lina im Lädle.

anboten: Orangen, Bananen und Fisch. Die Südfrüchte galten als Luxus, hatte man doch das ganze Jahr über eigene Früchte im Keller. Man musste sie samt dem Fisch ein paar Tage vorher bestellen. Den leicht verderblichen Fisch konnte man natürlich nicht auf Vorrat halten. Außerdem aßen nur wenige Leute Fisch. Das Fleisch der Metzger war ihnen lieber.

Die beiden Frauen in Grills Filiale trugen in Wirklichkeit den am Ort verbreiteten Namen Rühle. Es gab noch einen Ehemann, der Wengerter war, und einen Sohn, den Martin Rühle. Der war einige Jahre älter als ich und hat sich natürlich nicht mit der »Wuselwar«, den kleinen Kindern auf dem Brunnenplatz, beschäftigt. Ich sah ihn nur ab und zu, wenn er von der Schule kam. Doch gehörte er, trotz des Altersunterschieds, zu meiner frühen Kindheit. Seine Mutter und seine Schwester waren nicht nur freundliche Begleiterinnen meiner ersten Jahre, sondern auch später noch liebe Ansprechpartnerinnen, als wir längst ausgezogen waren aus dem alten Haus am Brunnenplatz.

An der Ecke zwischen der Buchhaldenstraße und dem ehemaligen Brunnenplatz, der jetzt zur Beethovenstraße ausgebaut ist, steht das Haus, in dem die Urahne im Traum vom Tod verfolgt wurde. Hier ist der Michelvetter untergekommen, als er von Amerika zurückkam. Hier hat der Gottlieb Christian Gökeler der Anna Maria Lenz seinen Heiratsantrag gemacht und danach mit ihr »g'hauset« und sie haben gemeinsam ihre fünf Kinder großgezogen. Hier haben der Christianvetter und die Dote Marie gewohnt und gearbeitet.

Nach ihrer Hochzeit im Mai 1926 zogen die Marie Schiller und der Wilhelm Stilz, die nachher meine Eltern wurden, in die beiden Stuben ein, lange nachdem der Michelvetter sie bewohnt hatte. Hier wurden ich und zwei meiner Brüder geboren. Als dann das vierte Kind sich anmeldete, kauften der

Christianvetter und unser Vater zusammen das Haus neben dem Kinderschüle.

»Jetzt braucht ihr uns, später brauchen wir euch«, beschlossen die Geschwister Gökeler und zogen mit uns um. Das alte Haus am Brunnenplatz wurde verkauft. Im Laufe der Zeit wurde es umgebaut. Nur das kleine Stäffele, das vom Brunnenplatz ins Gärtle hinaufführt, ist mir noch vertraut.

Vertraut ist mir auch noch das Haus darunter, in dem der Ehle David Stilz und die Ahne Katharine geborene Mangold die Enkel gern begrüßt und bewirtet haben, wo wir im Mai 1945 zusammen deren Goldene Hochzeit gefeiert haben und wo beide gestorben sind.

Am Brunnenplatz: Ehles Haus.

Eigentlich war das Haus mit der grünen »Kamerza« an der Sonnenseite das Haus des Wengerters Johann David Mangold, in das der Stilza David eingeheiratet hat. Der junge David Stilz hat es in den ersten Jahren seiner Ehe aufgestockt für seine Kinder. Mein Vater erinnerte sich, dass oben zuerst ein großer Saal war, in dem die Altpietisten ihre Stunden abhielten und der Posaunenchor üben durfte, bis beide Gruppen im Lützehaus ihre neue Heimat fanden. Später wurde im ersten Stock, in den höheren Räumen, für den zweiten Sohn Adolf die Wohnung eingerichtet, in der er mit seiner Familie lebte, bis er 1996 starb.

Auf dem roten Dach sind mit dunkleren Dachplatten die Buchstaben DS eingelegt. Das D ist deutlich zu erkennen, das S ist verzerrt. Nachdem die Luftmine im »Kaier« niedergegangen war, mussten fast alle Dächer in Schnait ausgebessert und die Fenster neu verglast werden, da haben die Dachdecker in der Eile einen kleinen Fehler gemacht.

Interessant war für uns die großelterliche Wohnung. Die Stubendecke war so niedrig, dass der Ehle mit seiner gedrungenen Gestalt, wenn er uns einen »graußa Batsch« (weit ausgeholter Handschlag) geben wollte, mit den Fingerspitzen den »Plafoo« berührte.

In der kleinen Küche über dem Herd war ein großer Rauchfang, ein Blechdach, das weit über den Herd in die Küche hereinragte. Im Kamin waren Haken angebracht, an denen nach der Schlachtung im Frühjahr Würste und gebeiztes Fleisch zum Räuchern aufgehängt wurden. Die Ahne verbrannte dann nur Holz, vorwiegend Rebholz, in ihrem Herd. Das Rebholz gab dem Geräucherten einen besonderen Geschmack, den ich aber damals nicht zu würdigen wusste.

Eine weitere Besonderheit war, dass im Eingangsbereich, »em Hausaiern«, gegenüber der Mostpresse, ein großes Brett lag, an dessen einem Ende ein starker eiserner Ring befestigt war. Manchmal hob die Ahna das Brett an dem Ring hoch und klappte es gegen die Wand, wo sie es mit einem Riegel befestigte, damit es ihr nicht auf den Kopf fallen konnte. Den Säukübel in der einen Hand, eine Schüssel unter dem anderen Arm, tauchte sie dann hinab in die Unterwelt, von wo das Grunzen der Sau zu uns heraufdrang. Es ging bald über in helles, freudiges Quieken, dann in eifriges Schmatzen. Gerne wären wir der Ahna gefolgt, aber es war uns strikt verboten, ihr nachzukommen. Die Stiege hatte keinen Handlauf, kein Geländer.

Wenn die Sau gefüttert war und die Hühner ihr »Angemachtes«, Kartoffeln, Kleie und die »Ausschwenkeda« vom Milchgeschirr vermischt, serviert bekommen hatten, tauchte die Ahna wieder aus dem Untergrund auf mit blanken weißen Eiern in ihrer Schürze. Ja, auch die Hühner hatten da unten ihren Schlaf- und Legeplatz, wenn sie sich auch manchmal ihr Nest woanders suchten. Sie konnten ja über ein Hühnerleiterle zum kleinen ebenerdigen Fenster hinausklettern. Doch die arme »Bôtsch« musste da unten bleiben, bis sie zum Metzgen heraufgeholt wurde.

Noch eine Besonderheit war unter dem Haus: Durch den Most- und Weinkeller floss zwischen Steinen ein kleines Bächlein. Es erzeugte eine gleichbleibende Temperatur in dem flachen Keller. Im Sommer stieg die Ahna hinunter und holte ein Krügle voll von diesem kühlen Wasser, mit dem sie ihren köstlichen Träubles- oder Himbeersaft mischte.

Das Bächlein durchfloss den Keller und trat, zusammen mit dem überschüssigen Wasser vom Brunnen, in der »Wette« wieder zutage. Dort bildete es ein schlammiges, übel riechendes Gelände. Uns Kindern war es verboten, dort zu spielen, einerseits, weil nasse Füße sehr ungesund seien, andererseits, weil der zähe Dreck mit den damals zur Verfügung stehenden Waschmitteln nur schwer aus den Kleidern zu lösen war.

Heute ist sowohl das Bächlein im Keller als auch der Brunnen versiegt. Über die Wette führt die asphaltierte Fahrbahn der Beethovenstraße, die der Linienbus nach Waiblingen mehrmals täglich passiert.

Einst war ein mächtiger Kastanienbaum das Merkmal des Brunnenplatzes. Rings um seinen dicken Stamm war eine Holzbank angebracht. Im Sommer saßen die Nachbarn am Feierabend dort und beschlossen den harten Arbeitstag mit einem kleinen Schwatz. Die Kinder waren dann schon im Bett, aber tagsüber spielten sie im Schatten. Sie legten Steinchen und Schneckenhäuser auf der Bank ab. Kindsmägdla schoben ihre Schützlinge in den Kinderwagen hin und her, um sie ruhig zu halten.

Der Brunnenplatz war ein Spielplatz für Kinder, Katzen, Hunde und Hühner, ein idyllischer Ort, aber auch sehr unhygienisch: Die Tiere hinterließen ihren Kot, die Kinder aßen den Sand. Die Mutter erzählte mir, dass ich auf dem Brunnenplatz Händchen voll Dreck gegessen habe, bis der Onkel Reinhold ihr empfohlen habe, mir Heilerde zu geben. Danach sei mir der »Onkel-Reinholds-Dreck« doch lieber gewesen als der Dreck auf dem Brunnenplatz.

An den Brunnen kann ich mich nicht erinnern, der war wohl gleich nach dem Anschluss an die Landeswasserversorgung zugeschüttet worden. Doch unser Vater erzählte, dass er als kleiner Schulbub einem größeren Kameraden zugeschaut habe, wie der mit seinem Taschenmesser am Brunnen »Frösch g'metzgat« habe. Sicher war eine gute Portion Neugier, Wissensdurst und Forscherdrang mit im Spiel, sonst wäre er ja davongelaufen. Eine Nachbarin habe das grausame Spiel beobachtet und die beiden Buben beim Lehrer verklagt. Daraufhin habe er in der Schule »Hosespannetsa« gekriegt. Man hörte ihm die Verbitterung über die ungerechte Strafe noch nach all den Jahren deutlich an. Er habe doch bloß dem Großen zugeguckt! Ich kann mir aber nicht vorstellen, dass er sich verteidigt hätte, dazu war er zu schüchtern. Auch hätte der Lehrer wohl gar nicht auf den Buben gehört. Und den Eltern verschwiegen auch wir noch, wenn wir in der Schule »körperlich gezüchtigt« worden waren. Es konnte sonst sein, dass wir zu Hause nochmals bestraft wurden.

Auf dem Brunnenplatz steht heute noch eines der beiden Gemeindebackhäuser. Die Umgebung wurde in neuerer Zeit um-

Backhaus.

gestaltet, der Kamin wesentlich erhöht. Aber im Innern sind immer noch die beiden steinernen Backöfen, die mit Eisentüren verschlossen werden. Am Backtag werden die Öfen mit dürrem Rebholz gefüllt, das in Brand gesteckt wird. Die Schamottsteine werden erhitzt. Wenn das Holz herabgebrannt ist, wird der Ofen mit einem nassen Reisigbesen ausgekehrt. Dann können die Laibe und Kuchenbleche eingeschossen werden. Dazu benützt man den »Laibschießer«, ein flaches rundes Brett an langem Stiel. Heute wird jedoch nur noch selten gebacken, es ist einfach zu viel Arbeit.

Aber einmal im Jahr, im Sommer, wird die Straße für den Verkehr gesperrt, Tische und Bänke werden aufgestellt, und in den Backöfen werden Salz- und Zwiebelkuchen gebacken. Besucher kommen auch von den umliegenden Ortschaften. Den ganzen Nachmittag muss der Ofen immer wieder aufgeheizt werden.

Hier ist nun mein Spaziergang durch Schnait zu Ende. Ich bin an meinem Ursprung angekommen, meinem Geburtshaus und den Häusern meiner Ahnen. Wir haben uns gemeinsam umgesehen auf dem Spielplatz meiner ersten Kinderjahre, dem Brunnenplatz, auf dem heute kein Kind mehr spielt.

Damit wünsche ich allen Lesern, die ich bis hierher führen durfte und die den Spaziergang genossen haben, dass das kühle Wasser aus dem dunklen Untergrund der Vergangenheit sie erfrischen und laben möge, wie das frische Wasser aus dem Keller der Großeltern uns Kinder erfrischt und gelabt hat.

Die Kinder- und Sonntagsschule

Manuskript von Marie Gökeler, der zweiten Tochter von Gottlieb Christian und Anna Maria Gökeler, aufgeschrieben im Januar 1934

Man hat mich gebeten, zur Feier des 100. Geburtstags von Herrn Lütze alte Erinnerungen mitzuteilen. Diesem Wunsch komme ich gern nach und will in folgendem erzählen, wie unsere Schnaiter Kinder- und Sonntagsschule gegründet und fortgesetzt wurde, so wie es einst Frau Lütze uns Sonntagsschülerinnen erzählt hat.

Als im Jahr 1865 Friederike geb. Steinbrenner von Winnenden als jung verheiratete Frau des Conditors Gottlieb Lütze nach Schnait kam, da hat wohl niemand geahnt, welch ein Segen das junge Ehepaar für unser Schnait werden sollte. Zunächst war es ein schmerzliches Vermissen für die Eheleute, dass es ihnen versagt war, eigene Kinder zu bekommen. Aber sie schickten sich in Gottes Willen, fragten nicht lange: »Warum?«, sondern: »Wozu?«. Wenn nun die junge Frau am Sonntagnachmittag in ihrer stillen, heimeligen Wohnstube saß, beobachtete sie manchmal, wie die Kinder draußen auf der Straße herumlärmten oder sich langweilten, und sie dachte oft: »Wie wär's, wenn ich die Kinder hereinholen würde? Ich könnte ihnen was Schönes erzählen und mit ihnen singen.«

Ihrem Mann war's gleich recht. Er meinte, die Kinder durften wohl wissen, dass sie Christenkinder und keine Heidenkinder seien, und da sollten sie nur von klein auf lernen, den Sonntag auf Christenart zu feiern. Nun wurden zunächst die Nachbarskinder eingeladen, am Sonntagmittag nach dem Essen zu kommen. Frau Lütze fiel es nicht schwer, mit Kindern umzugehen, war sie doch selber längere Zeit in einer Privatkinderschule bei David Hammer in Ulm tätig gewesen. Sie besaß ein Harmonium, da konnte sie mit den Kindern nach Herzenslust spielen und singen. Und wie freuten sich diese, wenn sie so schöne Lieder lernen durften wie: »Gott ist die Liebe« – »So feierlich und stille« – »Dort oben im Himmel, da haben wir's gut« und andere. Und wie schön konnte Frau Lütze biblische Geschichten erzählen! Zuerst durfte man lesen in ihrem biblischen Geschichtenbuch, jedes einen Satz. Dann wurde abgefragt und erklärt. Zum Schluss kam noch eine passendes schönes »G'schichtle« aus der Jugendfreude oder sonst einem Büchle (womöglich mit Fortsetzung, sodass man sich die ganze Woche freute auf den nächsten Sonntag). Mit einem kurzen Herzensgebet wurde geschlossen, die Kinder wurden ermahnt, am nächsten Sonntag wieder zu kommen und auch ihre Kamerädle mitzubringen »auf dass mein Haus voll werde«. Nach kurzer Zeit hieß es aber nicht mehr: »Es ist noch Raum«, sondern: »Sie hatten nicht Raum in der Herberge«. Bänke und Stühle, Kommoden und Fenstersimse – alles wurde besetzt. Fortschicken wollte man doch keins von den Kindern, sie kamen doch alle so gerne, und Frau Lütze sann hin und her, ob es nicht möglich wäre, einen größeren Raum zu bekommen, wo die Kinder nicht nur sonntags, sondern auch am Werktag zusammenkommen könnten. In diesem Gedanken wurde sie vollends bestärkt, als ein liebliches Mädchen von sieben Jahren an einer bösen Krankheit schnell hinwegstarb und die tief betrübte Mutter, deren einziges Kind die Kleine war, nachher

Frau Lütze erzählte, wie gern ihr Mädchen ins »Sonntagsschüle« gekommen sei und wie sie bis zuletzt immer wieder die Lieder gesungen und die Verslein gebetet habe, die sie dort gelernt hätte. Da ließ es Frau Lütze keine Ruhe mehr. Auf einmal kam ihr ein guter Gedanke. Als sie einmal an einem Sonntagabend mit ihrem Mann von der Stunde heimkam, sagte sie zu ihm: »Komm, ich will dir etwas zeigen!« Ahnungslos ging er mit ihr in die Scheune. »So«, sagte sie, »jetzt steig einmal das Leiterle hinauf und sieh dir diesen Platz an, was meinst du, könnte man da nicht eine Kinderschule einrichten?« Wider alles Erwarten ging er sofort auf diesen Vorschlag ein. »O selig Haus, wo Mann und Weib in einer, in Deiner Liebe eines Geistes sind«, so hat's hier auch geheißen. Es war im Sommer 1872, also kurz nach dem Krieg, und es war Herrn Lütze ein Anliegen, dem lieben Gott ein Dankopfer zu bringen. So beschlossen sie also, einen Saal zu einer Kinderschule einzurichten. Als ein Mann der Tat besprach er sich gleich darauf mit Fräulein W. Canz, der Gründerin und Hausmutter der Kleinkinderpflegerinnen in Großheppach. Diese war natürlich hoch erfreut, denn damals war's nicht gerade selbstverständlich, dass in jedem Ort eine Kinderschule war. Sie versprach, eine tüchtige Schwester zu schicken, sobald die Schule eingerichtet wäre. Nun ging's also forsch ans Werk, und bald konnte die Kinderschule bezogen werden. Werktags kamen die Kleinen, 3- bis 7-Jährige, unter Aufsicht von Schwester Kathrine, sonntags die größeren Mädchen – wo im gleichen Raum von Frau Lütze Sonntagsschule gehalten wurde. Manchmal musste sie auch werktags aushelfen, wenn zum Beispiel die Schwester krank war oder sonstwie verhindert wurde. Und es ist ihr (Frau Lütze) nicht zu viel geworden. Ich muss sie heute noch bewundern, wie sie jahrelang bis ins hohe Alter jeden Sonntag in der Sonntagsschule auf dem Platz war. Bekam sie Besuch, was oft der Fall war, denn Lützes waren sehr gastfrei, nahm sie dieselben einfach mit. Und wie aufmerksam waren die Mädchen, wenn zum Beispiel Frau Missionar Lütze, ihre Schwägerin, mitkam und von den Heidenkindern in Indien erzählte; wie eifrig brachte man dann die Opferpfennige fürs Negerle, das regelmäßig aufgestellt wurde, denn Frau Lütze wollte in den Kindern schon frühe den Missionssinn wecken und sie zu fröhlichen Gebern erziehen. [...]

Noch erinnere ich mich, als am 10. November 1883 Luthers 100. Geburtstag gefeiert wurde, dass Herr und Frau Lütze mit einem großen Korb Lebkuchen in die Kinderschule kamen und austeilten. Was sie uns von Dr. Luther erzählten, weiß ich freilich nicht mehr, hab's wahrscheinlich auch nicht verstanden, aber den Eindruck nahm ich mit, dass Martin Luther ein braver Mann sein musste, wenn man an seinem Geburtstag solch einen guten Lebkuchen bekam wie sonst nur am Christtag. Und dieser Eindruck ist geblieben.

Dass Herr Lütze jedes Jahr an Ostern den Hasen legen ließ, war selbstverständlich.

Im Sommer, im August, gab's auch ein schönes Fest, nämlich das »Heppacher Kinderfest«, das war aber nur alle zwei Jahre. Da durften nicht alle Kinderschüler mit, nur die »Großen«, weil der Platz beschränkt war. Wer nun einmal das Glück hatte, mitzudürfen, wird's wohl seiner Lebtag nimmer vergessen haben. Freilich gab's da allerlei Vorbereitungen. Vor allem musste fleißig gelernt werden, zum Beispiel Psalm 84, Psalm 96, Johannes 21. Und dann durfte man mit Schwester Marie in den Wald und Moos holen zu Kränzen und Girlanden. Fuhrmann Hahn und der Postfritz fuhren dann auf schön bekränzten Leiterwagen die Kinder ins Mutterhaus in Großheppach, wo in dem großen Anstaltsgarten das Fest stattfand. Die Kinderschulen von Beutelsbach, Strümpfelbach, Beinstein, Grunbach und so weiter waren auch da, und es wurde im Wechsel und gemeinsam gesungen und Sprüche aufgesagt.

Natürlich gab es zum Schluss Kaffee und Brezeln. Dass Herr Lütze bei dieser Gelegenheit seine milde Hand auftat, um die Unkosten zu bestreiten, lässt sich denken.

Schön war's aber auch am Christtag, wenn in der Kinderschule der große Christbaum angezündet wurde, die Kinder ihre Sprüche und Verslein sagten und die Weihnachtslieder sangen, welche die Schwester mit ihnen gelernt hatte. Da wurden dann die Eltern und sonstige Angehörige dazu eingeladen. Meistens wurde gemeinsam das Lied gesungen: »Fröhlich soll mein Herze springen« oder »Ich steh an deiner Krippe hier«, wozu Herr Lütze die Verse vorsagte. Der Herr Pfarrer hielt eine Ansprache, fragte die Kinder die Weihnachtsgeschichte ab und erzählte noch eine kleine Geschichte. Dann bekam jedes Kind ein Christkindle, ein buntes Taschentüchle, einen Lebkuchen, Springerle, ein zuckriges Ringle, von Herrn Lütze selbst gemacht. Solch feine Springerle mit solch schönen Bildle drauf gab's sonst nirgends! Die Springerlesmodel hatte er selber in seiner Jugendzeit kunstvoll geschnitzt.

Am Sonntag nach dem Christfest war dann in der Sonntagsschule Bescherung. Außer dem Backwerk gab's farbige biblische Bildle oder kleine Büchlein. Es waren bescheidene Gaben, aber damals war man noch nicht so verwöhnt, und eine Kinderhand, ein Kinderherz sind bald gefüllt. Wem wird das Herz nicht warm in Erinnerung an diese Zeiten!

An der Konfirmation bekam jede Konfirmandin, die in die Sonntagsschule ging, von Frau Lütze ein Neues Testamentle oder sonst ein passendes Büchlein »zum Andenken und gesegneten Gebrauch von Friederike Lütze gewidmet«, wie sie mit ihrer feinen Handschrift hineinschrieb.

Etwa 20 Jahre lang wurde im »alten Haus« Schule gehalten. Auf die Schwester Kathrine folgte Schwester Rösle. Als dann diese nach Amerika ging, um dort einen Pastor zu heiraten, kam die den meisten von uns noch wohlbekannte Schwester Maria Esslinger. Frau Lütze erzählte später noch oft: Als sie nach dem Weggang von Schwester Rösle nach Heppach ging, um einen Ersatz zu holen, da sei sie erschrocken, als ihr die Hausmutter sagte, sie habe im Augenblick keine passende Schwester als die Schwester Maria, ein kleine, gebrechliche Person. »Da sieht's gut aus!«, habe sie gedacht, »da muss ich öfter einspringen und Schüle halten als bisher.« Aber wunderbarerweise war Schwester Maria nie oder selten krank, war ganz glücklich, wenn sie die Zahl ihrer Kinder auf 100 gebracht hatte und konnte ihren Posten über 20 Jahre lang versehen.

Die Schwestern hatten damals ihren Kosttisch und vollständigen Familienanschluss bei Herrn Lütze. Da gab es natürlich auch oft Gelegenheit, sich in der Geduld zu üben und an dem Sprüchlein zu lernen: »Vertraget euch untereinander ...«

Im Jahr 1885 übergab Herr Lütze sein Geschäft seinem Neffen Christian Linsenmaier. Er baute sich ein schönes Haus und hatte nun erst recht Zeit für seine geliebte Kinderschule. Die Konditorei von Herrn Linsenmaier wurde von Jahr zu Jahr größer, sodass es bald an Raum fehlte, besonders vor Weihnachten. Man sollte unbedingt den Kinderschulsaal haben als Packraum. Nun wurde beschlossen, eine neue Kinderschule zu bauen. Herr Lütze hatte an der unteren Straße einen schönen Obst- und Grasgarten, der war wie geschaffen zu einem Bauplatz. Herr Linsenmaier ging seinem Onkel mit Rat und Tat an die Hand. Wie viel Opfer an Zeit und Geld, wie viele schlaflose Nächte, Sorgen, Ärger und Verdruss so eine Bauerei mit sich bringt, kann nur der ermessen, der selbst schon einmal gebaut hat. Aber alles geht vorbei. Im September 1892 konnte die neue Kinderschule eingeweiht werden. [...] Wir Sonntagsschüler hatten schöne Kränze gemacht von Heidekraut und Herbstblumen, damit wurde die neue Schule innen und außen bekränzt. Ein stattlicher Festzug bewegte sich dann nachmittags durchs Dorf, die Heetze – jetzt Lützenstraße – hinunter, der neuen Kinderschule zu. Unterwegs wurde das Lied gesungen: »Jesu, geh voran«. Als man am Ziel war, durfte Luise Linsenmaier, eine von den ältesten Kinderschülern, ihrem Onkel den Schlüssel übergeben mit dem Verslein:

Gott lohn euch hier und droben
was ihr, um ihn zu loben,
den Kindern Gutes habt getan.
Er woll zum heutgen Feste
uns geben, was das Beste:
ein Herzlein fromm und untertan.

Herr Lütze schloss nun auf und sagte dabei die Worte: »Tu uns nach dem Lauf deine Türe auf!« Das war kurz und gut gesagt.

Lützehaus.

[...] Zum Schluss der Feier kam noch der Metzger Ellwanger mit einer großen Platte warmer Würstle für die Kinderschüler. Pfarrer Weigelin ermahnte dann die Kinder, zum Dank dafür sollten sie gute Nachbarschaft halten und nicht so viel lärmen und schreien. Schuhmacher Gottlob Gebhardt stiftete einen Korb voll Brezeln, und da war's uns Großen nur leid, dass wir nicht auch Kinderschüler waren.

So hatte nun, wie es im Psalm 84 heißt, »der Vogel ein Haus gefunden und die Schwalbe ihr Nest ...«. Wie viele Kinder mögen nun schon im Laufe von mehr als 60 Jahren in der Schnaiter Kinderschule ein- und ausgegangen sein? Wie viele Mütter haben nicht schon dankbar die Wohltat empfunden, wenn sie ihre Kleinen so treulich behütet wussten unter der Obhut der Schwester, während sie daheim und draußen ihrem Geschäft nachgehen mussten! Wie viele Alten sagen heute noch: »Meine Kinderzeit wäre nicht halb so schön und sonnig gewesen, wenn es keine Kinder- und Sonntagsschule gegeben, wenn es keinen Herrn Lütze und keine Frau Lütze gegeben hätte!«

[...] Als im Jahr 1902 der Jungfrauenverein gegründet wurde, da war es ganz selbstverständlich, dass man in der Kinderschule zusammenkam. [...] Obwohl Herr Lütze nun nahezu 80 Jahre alt war, hatte er keine Ruhe. Der Jünglingsverein, dem er von jeher sehr gewogen war, sollte auch noch ein eigenes Heim bekommen. Und wieder war es sein Neffe, Christian Linsenmaier, der ihm mit viel Umsicht und Klugheit zur Seite stand. Noch einmal opferte er ein großes Stück von seinem Garten. Er hätte jetzt auch denken können: Nun habe ich aber genug geopfert, andere sollen jetzt auch etwas tun! Nein, so dachte unser guter Herr Lütze nicht. Er hielt es mit dem Wort: »Gemeinnutz geht vor Eigennutz.« Das war übrigens auch sonst sein Grundsatz, denn sonst hätte er nicht viele Jahre lang das Kirchenpflegeramt ganz umsonst verwaltet und die

Unterhaltungskosten der Kinderschule – außer einem kleinen jährlichen Beitrag von 40 Mark von der Gemeindekasse – ganz allein bestritten. Das Monatsgeld von 20 Pfennig für ein Kind – waren es mehrere Geschwister, so gab's Rabatt, und in schlechten Jahren setzte er es auf 15 Pfennig herunter –, das reichte natürlich lange nicht aus.

Im Jahr 1913 wurde noch ein Anbau an die Kinderschule gemacht, sodass nicht nur der Jünglingsverein und die altpietistische Gemeinschaft einen schönen, geräumigen Saal bekamen, sondern auch der Krankenschwester (Diakonisse, Olgaschwester) für eine nette Wohnung gesorgt, sodass jetzt unser Schnait ein schönes Gemeindehaus besitzt, das zum bleibenden Andenken an den Stifter den Namen »Lützehaus« erhielt. Im Mai 1918 ließ er es der Gemeinde einschreiben. [...]

Soweit die Erinnerungen der Marie Gökeler an Herrn Lütze und seine Frau und damit an das Lützehaus, das Kinderschüle und was damit zusammenhing. Wie aber geht es weiter?

Für lange Jahre war an allen Werktagen das Kinderschüle belegt mit bis zu 100 Kindern. Besonders vor den Festtagen Weihnachten und Ostern kamen viele Kinder, die sonst daheim blieben. Sie wollten die Geschenke haben, die beim »Schüleschristtag« und vom Osterhasen verteilt wurden. Es waren vorwiegend Süßigkeiten, vom Konditor Linsenmaier gestiftet. Zum Christfest gab es Lebkuchen oder ein süßes Gebildbrot in Form eines Wickelkindes, das ein papierenes Kindergesichtchen aufgeklebt bekommen hatte. Das Wickelkissen war mit buntem Zuckerguss angedeutet. Ich habe dieses Gebildbrot nie wieder gesehen oder gegessen. Vor Ostern wurden unter Anleitung der Schwestern aus Tapetenresten Osterkörble gefaltet. Darein kam eine dünne Schicht trockenes Moos, in dem kleine Zuckerhäsle und -eile versteckt wurden. Auch diese Zuckerwaren kamen vom Linsenmaier. Die Tapeten für die Körble stellte der »Sattler und Tapezierer« Robert Pfeifer zur Verfügung.

Die Schwestern waren Diakonissen aus Großheppach, aus der Schule der Mutter Wilhelmine Canz. Sie wurden von der Gemeinde besoldet. Der »Burgermeister« (nicht Bürgermeister!) zahlte ihnen monatlich ihr Geld aus.

An den Sonntagen übte der Posaunenchor nach der Kirche im Lützehaus. Von 14 bis 15 Uhr war altpietistische Gemeinschaftsstunde. Am Nachmittag traf sich der Jungfrauenverein, und am Abend kam der Jünglingsverein zusammen. Zum Jünglingsverein gehörten auch verheiratete Männer und Väter. Im Winter fanden unter der Woche Bibelstunden statt, die der Pfarrer hielt. Dazu kamen Männer und Frauen, Alte und Junge. Ganz besonders liebte ich den Missionsverein, der am Dienstagabend im »Säle« des Lützehauses stattfand. Dazu kamen Frauen und junge Mädchen. Sie hatten alle Handarbeiten dabei und arbeiteten fleißig, während ein Missionar oder eine Missionsschwester von den verschiedenen Missionsfeldern berichtete. Das war immer sehr lebendig und interessant. Diese Abende halfen sicher auch unserer Erdkunde auf.

So vergingen die Jahre. Eine Großheppacher Schwester und eine Olgaschwester nach der anderen bewohnte das Obergeschoss des Lützehauses. Sie dienten der Gemeinde lange Jahre bis zu ihrem Ruhestand. Die Kinder betreute Schwester Barbara Kaiser, die Kranken pflegte Schwester Sophie Nachtrieb. Auch das Jahr 1933, die »Machtergreifung« Hitlers, brachte nichts Neues, außer dass die Kinderschüler nicht mehr nur sangen: »Weil ich Jesu Schäflein bin«, sondern auch:

»Der Führer ist ein lieber Mann, ihm sing ich heut mein Lied.
Ich singe, dass es fröhlich schallt: Heil Hitler, Heil und Sieg.

Wenn ich einmal den Führer seh, so ruf ich laut Hurra!
und schwinge meine Fahne hoch. Oh wär er doch schon da!«

An die dritte Strophe erinnere ich mich nicht mehr ganz, nur noch an die letzte Zeile: »Gott schütze und erhalte ihn für unser Vaterland.«

Den kleinen Buben wurde ein neues Berufsziel gewiesen:

»Wer will unter die Soldaten, der muss haben ein Gewehr,
das muss er mit Pulver laden und mit einer Kugel schwer.
Büblein, wirst du ein Rekrut, merk dir dieses Liedlein gut.«

Muss eigentlich ein sehr altes Gewehr gewesen sein, das mit Pulver und mit einer schweren Kugel geladen wurde, womöglich ein Vorderlader. Aber so kritisch waren die Kinderschüler nicht, die ja noch nie ein Gewehr gesehen hatten, außer vielleicht den »Böller« des Wengertschützen.

Die Kinderschüler wurden groß und kamen in die Schule. Sie lernten lesen und schreiben und lasen an der unteren Mauer der Schule, der Straße zu, die Aushänge der NSDAP. Besonders die fratzenhaften Bilder auf einer Zeitung, die »Der Stürmer« hieß, erweckte Neugier und Abscheu. Unsere Eltern wiesen uns an, diesen »Stürmer« gar nicht zu beachten. Sie schafften es auch, ein starkes Gegengewicht in uns aufzubauen und kritisch zu denken, aber wenig zu sagen.

Eines Tages, ich kam gerade von der Schule nach Hause, sah ich vor der Schülestür vier Männer stehen. Zwei davon trugen die Uniform der »Partei«, Stiefel, Braunhemd mit Armbinde und Koppel. Die Schülestüre ging auf, und die Schwester Barbara ließ die Männer ein. Am Abend, als sie bei uns ihre tägliche Milch holte, erzählte sie von dem Besuch. Die Herren hatten das Lützehaus inspiziert und Pläne gemacht. Es sollte nämlich umgestaltet werden in einen NS-Kindergarten.

Die Schwestern im Obergeschoss müssten ausziehen, NS-Kindergärtnerinnen sollten an ihrer Stelle einziehen. Schwester Barbara war ganz empört. Unsere Dote Marie versuchte zu beruhigen: »Es wird nichts so heiß gegessen, wie es gekocht wird.«

Nach einiger Zeit kamen neue Nachrichten: Die Erben des Herrn Lütze hatten Einspruch erhoben. Es würde eine Gerichtsverhandlung geben. Diese Erben beriefen sich auf das Testament des alten Herrn Lütze, in dem er verfügte, dass eine Großheppacher Schwester fürs Kinderschüle angestellt sein solle und sie und eine Olgaschwester das Wohnrecht im Lützehaus haben sollten. Zwar hatte er das Gebäude der bürgerlichen Gemeinde vermacht, weil die kirchliche Gemeinde die Einrichtung finanziell nicht tragen konnte. Aber der Grund, auf dem das Gebäude stand (samt Spielplatz und Gärtchen der Schwestern), gehörte den Erben. Das war nun rechtlich gar nicht so einfach. Der Rechtsstreit zog sich über Jahre hin. Er endete mit dem Vergleich, dass die endgültige Entscheidung aufgeschoben wurde bis drei Jahre nach dem Krieg.

Drei Jahre nach dem Krieg waren wir gerade dabei, das große Chaos, das vom »Tausendjährigen Reich« hinterlassen worden war, zu sortieren und aufzuräumen. Deshalb blieb alles, was einigermaßen funktionierte, unangetastet.

Und heute, 180 Jahre nach der Geburt Gottlieb Lützes? Sein Name ist noch präsent in der »Lützestraße« und im »Lützezimmer« im modernen Evangelischen Gemeindehaus. Das Lützehaus wurde abgerissen. Es genügte den räumlichen und hygienischen Ansprüchen der heutigen Zeit nicht mehr. An seiner Stelle steht nun die Elisabethenapotheke.

Bildnachweis

Adolf Bischoff: *S. 88*
Magda Bischoff: *S. 95, 104*
Peter Eiber, Beate Lorber: *S. 69, 70, 86*
Marta Lenz: *S. 40*
Richard Lenz: *S. 68, 74, 76, 81, 85, 90, 92, 98, 106*
Privat: *S. 77*
Gabi Schneider/Zeitungsverlag Waiblingen: *S. 107*
Stadtarchiv Weinstadt: *S. 62, 66, 67, 79, 82, 100*
Lotte Stilz: *S. 121*
Lydia Stilz: *S. 30, 31, 32, 37, 43, 64, 99, 109, 113.*
Reinhold Stilz: *S. 71*
Karl Vollmer: *S. 84*

Zum Weiterlesen

In Ihrer Buchhandlung

Petra Mader

Fast ein Leben

Roman

Aus dem Abstand von zwei Generationen gelingt es Enkelin Susanne, das Leben ihrer »Ome« von der Ostalb Stück für Stück nachzuerzählen: vom 19-jährigen Dienstmädchen Rosa über die Ehejahre bis hin zur Demenzerkrankung im Alter. In den einfühlsam beschriebenen Begegnungen mit der dementen Frau wird ein tieferes Verständnis zwischen den Generationen spürbar.

176 Seiten, fester Einband. ISBN 978-3-8425-1269-6

Wolfgang Stahnke

Margarete

Roman

In einem kleinen Dorf unweit des Neckars kämpft die junge Bäuerin Margarete um das Überleben ihres Hofes: Ihr Ehemann wird gleich nach der Heirat 1941 an die Front eingezogen und kehrt nicht zurück. Sie muss sich gegen die Anfeindungen ihres Nachbarn behaupten, eines mächtigen »Parteigenossen«. Margarete geht beharrlich dem Schicksal ihres vermissten Mannes nach – und stößt dabei auf seltsame Ungereimtheiten …

416 Seiten.
ISBN 978-3-8425-1314-3

Silberburg-Verlag

www.silberburg.de